Die Vollwert-Bäckerei

Verena Krieger · Ute Gallus

Die Vollwert-Bäckerei

Vom täglichen Brot bis zur Festtagstorte

AT Verlag

AT Verlag Aarau (Schweiz)
Gestaltung und Illustrationen:
Dora Wespi, Luzern
Fotos: Atelier König & König, Zürich
Gesamtherstellung:
Grafische Betriebe Aargauer Tagblatt AG, Aarau
Printed in Switzerland

ISBN 3-85502-354-9

Inhalt

Massangaben

EL	Esslöffel (gestrichen) = 15 ml
TL	Teelöffel oder Kaffeelöffel (gestrichen) = 5 ml
Pr.	Prise
Msp.	Messerspitze
l	Liter
ml	Milliliter (100 ml = 1 dl = $\frac{1}{10}$ l)

Backtemperaturen

Die Angaben in den Rezepten für Backtemperaturen und -zeiten gelten für einen vorgeheizten Backofen. Es sind Mittelwerte, die je nach Ofenart schwanken können. Namentlich Gas- und Heissluftbacköfen heizen im allgemeinen schneller und stärker.

Für Brötchen und Kleingebäck, die wir auf dem grossen Kuchenblech gebacken haben, verwendeten wir immer Backpergament. Es schützt Blech und Backgut und ist weniger umweltbelastend als das Schrubben des Blechs mit Seife und Heisswasser. Backpapier kann mehrmals verwendet werden.

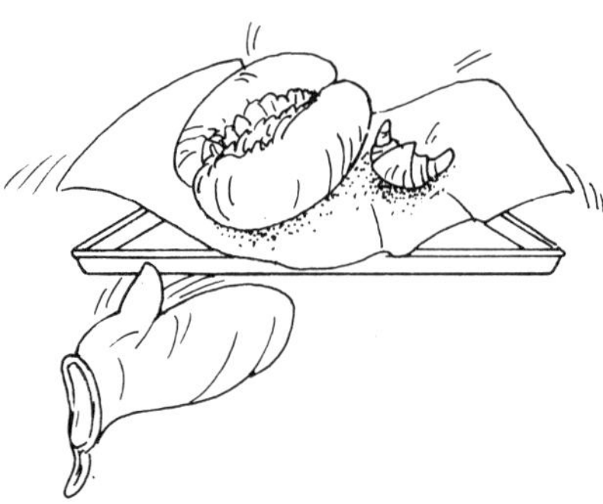

Lassen Sie sich anstecken

Was geschieht, wenn eine Ernährungsfachfrau, die seit Jahren mit Leidenschaft und Vollkorn Backrezepte erprobt, und eine Konditorin, der die Liebe zum Teig in die Wiege gelegt wurde, zusammenkommen? Es entsteht ein Vollwert-Backbuch.

Wir haben versucht, unsere Freude am Backen und unser Wissen über gesunde Ernährung in diesem Buch zu vereinen. Aus biologischem Vollkornmehl, das wir auf der eigenen Mühle frisch mahlen, aus natürlichen Süssmitteln, aus Nüssen und Samen, Dörrobst und frischen Saisonfrüchten, mit weniger Fett und Eiern und mit viel Begeisterung haben wir unsere Backideen verwirklicht. Lassen auch Sie sich mit diesem Buch von der Vollwert-Bäckerei anstecken.

Verena Krieger
Ute Gallus

Gut abgeschnitten

Brote und Brötchen

Als Grundnahrungsmittel ersten Ranges sollte Brot die drei Hauptnährstoffe Kohlenhydrate, Fett und Eiweiss sowie Vitamine, Mineralstoffe und Ballaststoffe in der Zusammensetzung liefern, wie sie in der Natur vorkommen.

Das Weissbrot genügt dieser Anforderung sicher nicht. Aber auch längst nicht alle «Vollkornbrote», «Fitbrote», «Joggingbrote», «Grahambrote» und wie sie alle heissen, sind Vollwertbrote. Ein Vollkornbrot aus dem Laden muss laut Gesetz nur mindestens 70% Vollkorn enthalten. Da ist man mit dem gewöhnlichen Ruchbrot oft besser bedient, denn dieses muss immerhin um die 82% des vollen Korns enthalten.

Glücklicherweise gibt es immer mehr Biobäkkereien, die vollwertige Brote nach den untenstehenden Kriterien backen. Solche Unternehmen sollten auf jeden Fall unterstützt werden. Aus Energiespargründen ist es besser, wenn Brot in einer zentralen Bäckerei für ein ganzes Dorf oder Quartier gebacken wird. Wo aber die Biowelle noch nicht eingeschlagen hat, müssen Hausfrauen und Hausmänner in Selbsthilfe zur Backschüssel greifen und Brot backen, das zum täglichen Gesundheits- und Kraftspender wird:

- Kaufen Sie für Ihr Brot Getreidesorten, die aus biologischem Anbau kommen. Dazu gehören Dinkel, Roggen, Nacktgerste, Hafer und ältere Weizensorten. Scheuen Sie nicht vor dem höheren Preis von Biogetreide zurück. Mit dem billigeren konventionellen Korn kaufen Sie vielleicht giftige Rückstände, die sich vor allem auf den Randschichten abgelagert haben und die den höheren Gesundheitswert von Vollkorn zumindest zum Teil zunichte machen.

- Das ganze Korn wird unmittelbar vor dem Verbacken gemahlen. Vollkornmehl sollte als ebenso verderbliches Lebensmittel angesehen werden wie Milch. Vollkornmehl, das mehrere Wochen alt ist, hat bereits einen bitteren Geschmack und ist der Gesundheit abträglich, wenn es täglich gegessen wird. (Siehe auch «Mehl», Seite 145.)

- Dem Vollkornmehl wird nichts weggenommen und nichts hinzugefügt. Die Unsitte, alles nur noch aus Auszugsmehlen zu backen, hat die neue Unsitte nach sich gezogen, Weissmehl mit künstlichen Vitaminen und Kleie anzureichern. Die Kleie liefert uns zwar wichtige Ballaststoffe. Zuviel Kleie aber kann im Darm Mineralstoffe binden, die dann dem Körper fehlen. Nur der natürliche Kleieanteil im Korn ist für unsere Ernährung optimal. Mit willkürlichen Kleiemengen angereichertes «Kleiebrot», «Plus-Minus-Brot» und ähnliches ist immer nur Flickwerk.

- Je länger man einem Teig Zeit gibt zum Aufgehen, desto besser ist er «vorverdaut». Das Sauerteigbrot schneidet in dieser Beziehung am besten ab. Viele Menschen haben Mühe, Vollkornbrot zu verdauen. Das liegt oft daran, dass das Brot zu schnell hergestellt wurde. Die vom Gesetz erlaubten Backhilfsmittel, wie Enzympräparate, Emulgatoren und Ascorbin- und andere Säuren, sind an sich kaum schädlich. Sie bewirken aber, dass die Teigführung beschleunigt und dadurch der Gesundheitswert des Brotes beeinträchtigt wird.

Pitabrote (Mittelöstliche Fladenbrote)

1 Würfel Hefe (42 g)
400 ml Wasser
500–600 g Weizenmehl, frisch gemahlen
1 TL Meersalz

Ergibt 16 Fladen, aufgeschnitten 32 Taschen.

Pitabrote sind mit Hefe hergestellte Fladenbrote. Sie blähen sich leicht zu Ballonen auf und können deshalb als praktische «Taschenbrote» verwendet werden. Nach langem Suchen nach einem genauen Rezept und Pröbeln ist es uns gelungen, diese Sandwichbrote aus der levantinischen Küche im Haushalt herzustellen. Hier das Geheimnis:

Die Hefe im Wasser auflösen. Etwa die Hälfte des Mehles einrühren und den Teig ein paar Minuten kräftig rühren. An einem warmen Ort ½ bis 1 Stunde aufgehen lassen. Salzen. Das restliche Mehl nach und nach zum Vorteig geben, bis ein weicher knetbarer Teig entsteht. 5 bis 10 Minuten kneten und nochmals 1 Stunde aufgehen lassen. Eine lange Rolle bilden und in 16 Stücke schneiden. Aus jedem Stück eine Kugel formen und mit Mehl untertassengross ausrollen. Eine schwere Bratpfanne (Teflon ist ungeeignet) sehr stark erhitzen und den ersten Fladen hineinlegen. 1 bis 1½ Minuten backen und dabei mehrere Male mit einer Bratenschaufel wenden. Der Teig füllt sich allmählich mit Dampf und wird kugelrund. Auf einer zweiten Platte eine zweite Bratpfanne mit Deckel auf kleinem Feuer bereithalten. Den Brotballon in diese überwechseln und zugedeckt ein paar Minuten nachdämpfen lassen. Inzwischen den zweiten Fladen in der heissen Pfanne backen. In der ersten Pfanne kann immer nur 1 Fladen aufs Mal gebacken werden, in der zweiten können

mehrere zusammen nachdämpfen. Die fertigen Pitabrote auf einem Teller aufeinanderstapeln.

Zum Essen werden die Brote in der Mitte durchgeschnitten. Jetzt hat man zwei Taschen, die wie Sandwichs gefüllt werden können.

Pfannenbrot mit Sonnenblumenkernen

500 g	Weizenmehl, frisch gemahlen
1	Würfel Hefe
350 ml	Wasser
50 g	Sesamsamen
50 g	Sonnenblumen-kerne
½ TL	Korianderpulver
½ TL	Meersalz
20 g	Olivenöl

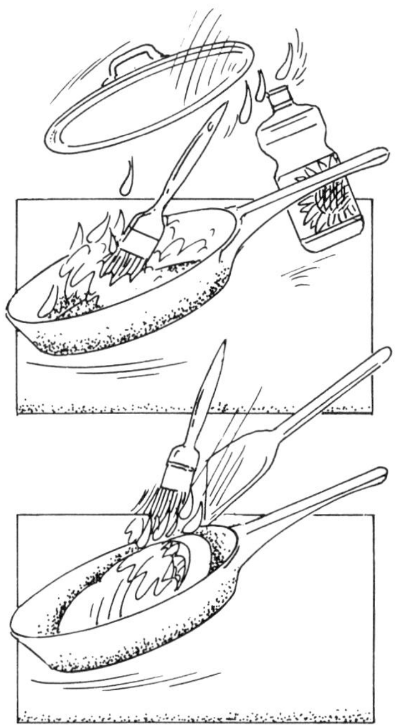

Ergibt 2 Brote zu ungefähr 450 g.

In den Ferien in Schweden auf dem Campingkocher und in einer Pfanne hatte Utes Pfannenbrot Premiere. Es wurde ein Rezept für ein feines, schnellgemachtes Brot daraus, das auch zu Hause allen schmeckt.

Die Hefe in lauwarmem Wasser auflösen und das Mehl mit den restlichen Zutaten, ausser dem Öl, darunterkneten. Den Teig mit einem feuchten Tuch bedecken und an einem warmen Ort 1 bis 2 Stunden aufgehen lassen. 2 Fladen von der Grösse des Pfannenbodens formen. Den Boden einer Bratpfanne mit etwas Öl bestreichen und mit einigen Sesamsamen bestreuen. Ein Brot hineinlegen und zugedeckt auf kleiner Flamme 10 Minuten backen. Etwas Öl auf das Brot geben, dieses wenden und 10 Minuten fertig backen. Mit dem zweiten Brot gleich verfahren. Um eine Kruste zu erhalten, sollte vor Beendigung der Backzeit auf jeder Seite die Temperatur kurz erhöht werden.

Variante im Ofen:
Das Öl auf 2 runde Backbleche geben. Die Brote hineinlegen und bei 180 Grad 25 Minuten backen.

Sauerteigbrot

Bild S. 17

Starter (Sauerteigkultur)

100 g Roggen- und Weizenmehl, gemischt, frisch gemahlen
100 g Roggenschrot, frisch gemahlen
1 Pr. Kümmelpulver
250 ml Wasser

Das Backen von Sauerteigbrot ist schnell (abgesehen davon, dass der Teig lange gären muss), einfach und kinderleicht, wenn, ja wenn man einen guten Starter besitzt. Dieser ist das älteste und einfachste Treibmittel für Brot und kann selber gemacht werden. Ob er auf Anhieb gelingt, ist allerdings Glückssache. Er wird so gemacht:

Alle Zutaten zu einem Brei verrühren und bei Zimmertemperatur etwa 3 Tage stehenlassen. Sobald es zu einer starken Bläschenbildung kommt und der Starter süss-säuerlich riecht, ist er zum Brotmachen bereit.

Jetzt kann man nach dem nachfolgenden Rezept Sauerteigbrot herstellen. Es sollte nach dem Backen würzig, aber nicht sauer schmecken. Befriedigt der Geschmack nicht, so empfiehlt es sich, einen neuen Starter anzusetzen und dies so oft zu wiederholen, bis man die richtige Geschmacksnuance gefunden hat. Wichtig ist natürlich auch, dass das Brot aufgeht und eine schöne Form bekommt. Solches Sauerteigbrot ist dann für die meisten Leute verdaulicher und bekömmlicher als Hefebrot, auch wenn viel Roggenmehl, das ja bekanntlich eher schwerverdaulich ist, verwendet wurde.

Sauerteigbrot (Grundrezept)

500 g	Roggenmehl, frisch gemahlen
½ l	Wasser
1–2	Tassen Sauerteigkultur
500 g	Mischmehl aus Roggen, Weizen oder Dinkel, Gerste und Hafer, frisch gemahlen
¼ l	Wasser
1 EL	Meersalz
¼ TL	Kümmelpulver

Ergibt 3 Brote.

In einer grossen Teigschüssel die ersten drei Zutaten gut zu einem dicken Brei verrühren. Bei Zimmertemperatur 12 Stunden aufgehen lassen. Dann diesem Vorteig wieder gleich viel Starter entnehmen, wie man anfangs beigefügt hat. Das restliche Mehl, Wasser, Salz und Kümmelpulver zum Vorteig geben und einen Teig bilden. Einige Minuten kneten, am besten in der Schüssel, da der Teig sehr nass ist. 1 Stunde aufgehen lassen. 3 Laibe formen (Tips für das Formen siehe Seite 23), auf ein Backblech geben und nochmals 10 bis 15 Minuten ruhen lassen. Bei 250 Grad in den Ofen schieben und nach 15 Minuten auf 180 Grad hinunterschalten. Totale Backzeit 1 Stunde.

Aufbewahren der Startkultur

Den Starter, den man dem Vorteig entnommen hat, in ein Glas füllen. Es sollte nur etwa halbvoll sein, damit der Starter Platz hat zum Aufgehen. Den Deckel lose auflegen und im Kühlschrank bis zum nächsten Backtag aufbewahren. Wird der Starter mehr als 2 Wochen nicht gebraucht, so sollte er zwischendurch mit etwas Mehl und Wasser vermehrt werden. Er kann zur Not auch tiefgefroren werden. Nach dem Auftauen muss er sich aber einige Tage bei Zimmertemperatur «erholen» und 1- bis 2mal vermehrt werden.

Sauerteigvariationen

Das Grundrezept für Sauerteigbrot kann beliebig variiert werden. Beispiele Seite 18.

Walliser Roggenbrot

Bild S. 17

Für den ganzen Teig nur Roggenmehl nehmen. Wenn gewünscht, dem Teig einige Handvoll Baumnusskerne beimischen. 3 Kugeln formen und diese in einem bemehlten Brotkörbchen (Weidenkörbchen) flachdrücken. Bei 200 Grad 1 Stunde backen.

Gewürzbrot

Dem Teig 3 EL Leinsamen, je 1 TL Fenchel und Koriander sowie 1 bis 2 EL Honig und, wenn gewünscht, ganze Nüsse beimischen. Bei 200 Grad 1 Stunde backen.

Delikatess-Früchtebrot

Bild S. 19

- ½ Sauerteig gemäss Rezept Seite 15
- 600 g gemischtes Dörrobst nach Wahl (Birnen, Äpfel, Pflaumen, Rosinen, Feigen usw.), in grobe Stücke geschnitten
- 200 ml Rotwein
- 1 EL Kirsch
- abgeriebene Schale von ½ Zitrone
- 80 g Baumnuss-(Walnuss-)kerne
- 100 g ganze Haselnüsse
- 1 TL Birnbrotgewürz

Ergibt 2 Laibe oder etwa 12 kleine Brötchen.

Fast so fruchtig wie Bündner Birnbrot, aber einfacher zu machen.

Dörrfrüchte, Wein, Kirsch und Zitronenschale 2 bis 3 Stunden oder über Nacht ziehen lassen. Dann zusammen mit den Nüssen und dem Birnbrotgewürz in den aufgegangenen Sauerteig einarbeiten. Keine Angst, im ersten Moment sieht es nach viel zuviel Früchten aus. Nur gut kneten, die Früchte haben alle im Teig Platz. Laibe oder Brötchen formen, in viel Mehl wenden und auf ein Backblech legen. Laibe 45 und Brötchen 30 Minuten bei 200 Grad backen.

Delikatess-Früchtebrot ist 8 bis 10 Tage haltbar. Will man es länger aufbewahren, so muss man es satt in Plastik eingepackt im Kühlschrank lagern. So hält es sich 2 bis 3 Wochen frisch.

Sesambrötchen

Bild S. 10

Ergibt 16 Brötchen.

Dem Teig 50 g Sesamsamen untermischen. Eine lange Rolle bilden und in 16 Teile schneiden. Kugeln formen und diese in Sesamsamen wenden. Wenn gewünscht, ein Kreuz einschneiden. Auf ein Backblech legen und bei 220 Grad 20 Minuten backen.

Hefe-Sauerteigbrot (Grundrezept)

500 g	Roggenmehl oder Roggen- und Weizenmehl gemischt, frisch gemahlen
½ l	Wasser
1–2	Tassen Sauerteigkultur
¼ l	handwarmes Wasser
5 g	Hefe
500 g	Mischmehl aus Roggen, Weizen oder Dinkel, Gerste und Hafer, frisch gemahlen
1 EL	Meersalz
¼ TL	Kümmelpulver

Ergibt 3 Brote zu 500 g oder ca. 15 Brötchen.

Viele, denen das Sauerteigbrot nicht luftig genug ist, greifen zu diesem Rezept. Es vereint die Vorteile der Hefe und des Sauerteigs: Das Brot geht schön auf, und das Korn ist trotzdem gut aufgeschlossen.

In einer grossen Teigschüssel die ersten drei Zutaten gut zu einem dicken Brei verrühren. Bei Zimmertemperatur 12 Stunden aufgehen lassen. Dann diesem Vorteig wieder gleich viel Starter entnehmen, wie man anfangs beigefügt hat. Die in ¼ Liter Wasser aufgelöste Hefe zusammen mit dem restlichen Mehl, Salz und Kümmelpulver zum Vorteig geben. Einen Teig bilden. Einige Minuten kneten, am besten in der Schüssel, da der Teig sehr nass ist. 1 Stunde aufgehen lassen. 3 Laibe formen (Tips für das Formen siehe Seite 23), auf ein Backblech geben und nochmals 10 bis 15 Minuten ruhen lassen. Bei 250 Grad in den Ofen schieben und nach 15 Minuten auf 180 Grad hinunterschalten. Totale Backzeit 1 Stunde.

Mit diesem Teig können die «Sauerteigvariationen» Seite 18 ebenfalls gemacht werden.

Hefebrot (Grundrezept)

Bild S. 17

20 g Hefe
600 ml Wasser
1 kg Vollkornmehl, frisch gemahlen (siehe auch «Die Mehle»)
1 EL Meersalz

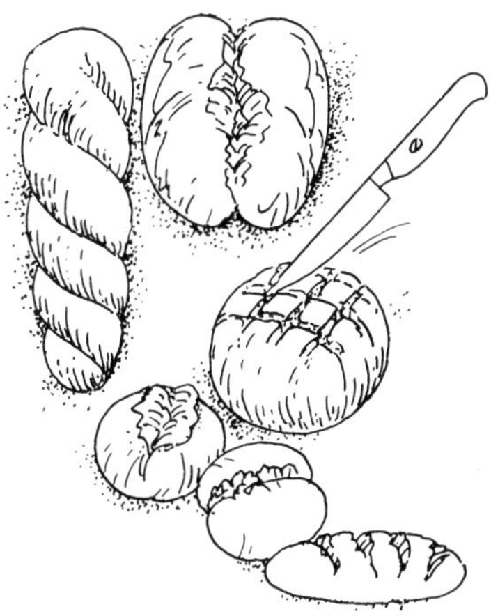

Ergibt 2 Brote zu 750 kg oder 3 Brote zu 500 g oder 16 Brötchen.

Es gibt unzählige Rezepte für Hefebrote. Es genügt jedoch, ein gutes Grundrezept zu kennen. Denn daraus lassen sich immer wieder neue Variationen ableiten. Wenn Sie das Mehl selber mahlen, können Sie den Grundgeschmack verändern, indem Sie verschiedene Kornsorten mischen. Mit einem Zusatz von grobgeschrotetem Korn, Kernen, Samen, Nüssen oder Flocken bekommt das Brot eine andere Konsistenz, und natürlich kann man dem Brot jede beliebige Grösse und Form geben. Wir haben hier versucht, ein sicheres Grundrezept aufzuschreiben. Die Beispiele sind Anregungen, wie Sie es selber verwandeln können.

In einer grossen Schüssel die Hefe im Wasser auflösen. Etwa ⅓ des Mehls dazugeben und mit einer Holzkelle ein paar Minuten klopfen. An einem warmen Ort, frei von Zugluft, stehen lassen, bis dieser Vorteig um das Doppelte aufgegangen und wieder zusammengefallen ist. Das dauert ein paar Stunden – besser noch, man lässt ihn über Nacht stehen. Etwa die Hälfte des restlichen Mehls und das Salz beifügen und verrühren. Nach und nach mehr Mehl zugeben, bis ein knetbarer Teig entsteht. Auf eine Arbeitsfläche geben und 10 Minuten kneten. Auch während des Knetens kann dem Teig Mehl zugefügt werden, wenn er zu sehr klebt. Es darf aber nie zuviel aufs Mal sein, denn es ist besser, einen zu feuchten als einen zu trockenen

Hefeteig zu haben. Wenn er fertig geknetet ist, sollte er weich und elastisch sein und sich wie ein Ohrläppchen anfühlen. Ist er härter, so geht das Brot weniger schön auf und wird brüchig.

Den gekneteten Teig zurück in die Schüssel geben und zugedeckt nochmals etwa 1 Stunde aufgehen lassen. Brote oder Brötchen von beliebiger Grösse und Form machen und auf einem mit Backpapier belegten Blech nochmals 15 Minuten gehen lassen. Inzwischen den Backofen auf 300 Grad aufheizen. Das Blech mit den Broten in die Mitte einschieben und 5 Minuten auf dieser Temperatur belassen, dann auf 200 Grad hinunterschalten. Ganze Backzeit: je nach Grösse der Brote 15 bis 45 Minuten (kleine Brötchen zu 100 g 15 Minuten, Laibe zu 750 g 45 Minuten). Das Brot ist fertig gebacken, wenn es beim Klopfen auf den Boden hohl tönt.

Die Mehle

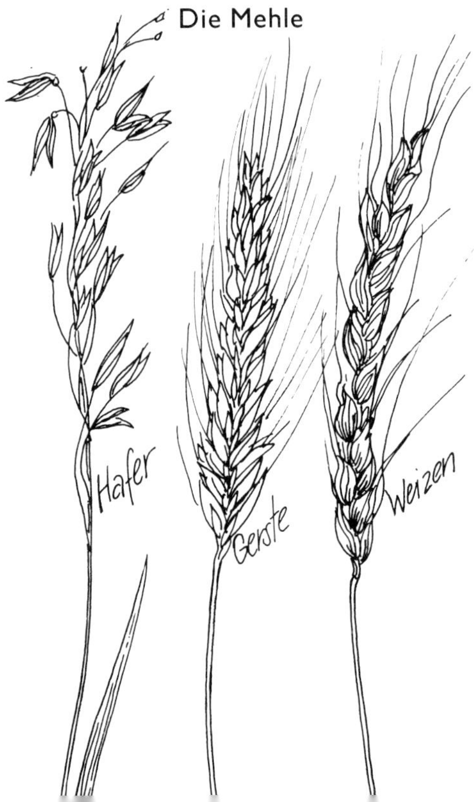

Für Hefebrote sind Weizen und Dinkel die geeignetsten Getreide, denn sie haben den höchsten Klebergehalt. Der Kleber (Gluten, Getreideeiweiss) bewirkt, dass der Teig durch das Kneten gut zusammenhält und elastisch, aber auch zäh wird. Durch die Luftbläschen, die die Hefe im Teig wirft, entsteht die beliebte Hefebrotkrume, die locker und leicht ist und doch zusammenhält. Deshalb sollten Mehlmischungen für Hefebrot immer zum Grossteil aus Weizen oder Dinkel bestehen. Andere Getreide werden dann eher als Geschmacksträger beigefügt. Frischgemahlenes Hafermehl hilft zudem, dass das Brot länger frisch bleibt. Einige Beispiele für Hefebrotmischungen:

- 800 g Weizen oder Dinkel, 100 g Gerste, je 50 g Roggen und Hafer
- 700 g Weizen oder Dinkel, je 100 g Gerste, Roggen und Hafer
- 200 g Weizen- oder Dinkelschrot (dem Vorteig beifügen), 700 g Weizen- oder Dinkelmehl, je 50 g Gerste und Hafer
- 700 g Weizen oder Dinkel, 100 g Roggen, 100 g Gerste, je 50 g Hafer und Buchweizen

Diesen Grundteigen können nach Belieben noch Kerne und Samen beigemischt werden (Sonnenblumen, Leinsamen, Sesam, Mohn), oder die geformten Brote können darin gewendet werden.

Das Kneten

Lassen Sie sich von schönen Theorien über das Teigkneten nicht beirren. Sie dürfen den Teig ruhig so behandeln, wie es Ihnen liegt. Beim Kneten kann man nämlich sehr gut angestauten Gefühlsballast loswerden, und das ist etwas sehr Persönliches. Es hilft aber, wenn die Arbeitsfläche nicht zu hoch ist, damit Sie beim Kneten das ganze Körpergewicht einsetzen können. Wenn Sie die Knetarbeit lieber einer Haushaltmaschine anvertrauen, müssen sie diese von Zeit zu Zeit anhalten und den Teig auf Weichheit prüfen. Je nach Gerätleistung muss weniger als 10 Minuten geknetet werden.

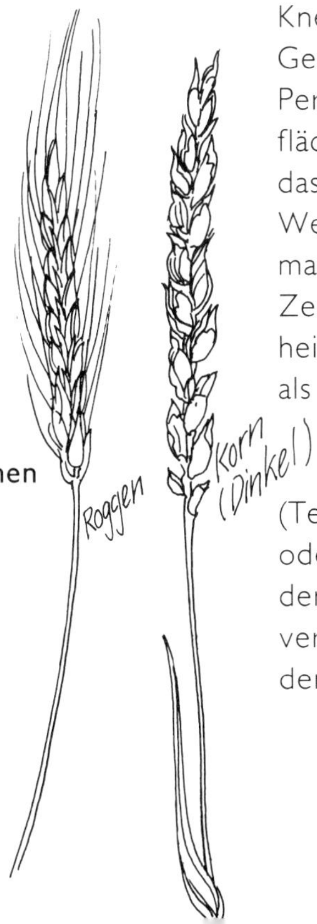

Das Formen

Schneiden Sie den Teig mit dem Teigschaber (Teighörnchen) in 2 oder 3 Teile für Brotlaibe oder 12 bis 16 für Brötchen. Sie können auch von der Hälfte des Teiges Brötchen für den Sofortverbrauch machen und aus dem Rest einen Laib, denn grössere Brote bleiben länger frisch.

Aus den einzelnen Teigstücken werden jetzt Kugeln geformt, und zwar so, dass jede Kugel eine glatte nahtlose Oberfläche erhält und Risse und Nähte unten sind, also wo die Kugel aufliegt. Jetzt werden die Kugeln, eine nach der andern, umgekehrt auf die Arbeitsfläche gelegt, mit den Handballen etwas flachgedrückt und zu der gewünschten Form eingerollt. Mit einem scharfen Zackenmesser ritzt man sie ein paar Millimeter tief ein (längs, diagonal, übers Kreuz usw.) oder schneidet zur Abwechslung mit der Scherenspitze «Schweinsöhrchen». Es können auch Teigkugeln geformt und, statt dem Einritzen, mit den Nähten nach oben gebacken werden. Laibe und Brötchen vor dem Backen in Ruchmehl gewendet, bekommen ein «rustikales» mehliges Aussehen.

Das Backen

Im Haushaltbackofen erhält man selten die schöne tiefbraune Kruste, die das Brot vom Bäcker hat oder die ein Holzbackofen hergibt. Aber auch zu Hause gebackenes Brot ist nicht grau und bleichgesichtig, wenn der Ofen konsequent auf die Maximaltemperatur vorgeheizt wird. Am besten bäckt man vorher einen Kuchen oder Auflauf. Das ist auch aus Energiespargründen sinnvoll. Wenn sich die Kruste gebildet hat, wird bei absteigender Temperatur fertiggebacken.

Viele Leute stellen zum Hefebrotbacken ein Gefäss mit Wasser in den Ofen, damit das Brot besser aufgeht. Unsere Versuche haben gezeigt, dass dieser Trick nichts bringt. Viel wichtiger ist, dass der Teig selber genügend Feuchtigkeit enthält.

Backpulverbrötchen

300 g	Vollkornmehl, frisch gemahlen
gut 2 TL	Backpulver
1 TL	Meersalz
50 g	weiche Butter
250 ml	Milch

Kümmel, Sesam, Mohn usw. nach Belieben

Wenn Ihnen einmal das selbstgebackene Brot ausgegangen ist oder wenn Sie beim Bäcker den Ladenschluss verpasst haben, dann können diese knusprigen Brötchen einspringen. Sie sind im Nu zubereitet, und munden werden sie garantiert allen – am besten frisch und aus dem Ofen. Servieren Sie sie warm, in ein Tuch eingewickelt, in einem Körbchen. Das Rezept kann aber auch gut verdoppelt und die restlichen Brötchen am nächsten Tag genossen oder als Vorrat im Tiefkühlfach aufbewahrt werden.

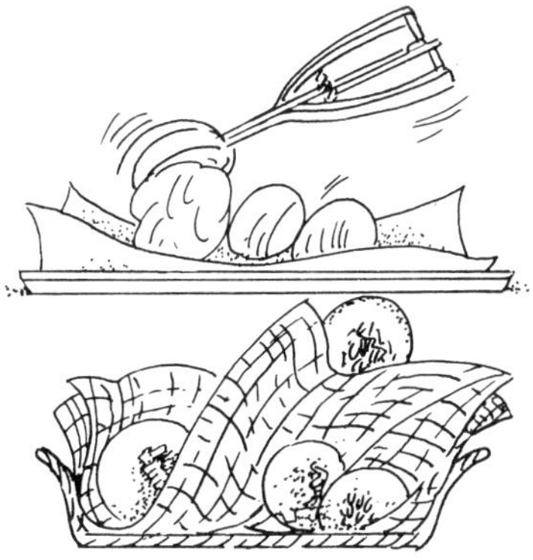

Den Backofen auf 250 Grad vorheizen. Mehl, Backpulver und Salz vermischen. Butter und Milch verrühren und zum Mehl geben. Alles gut zu einem feuchten Teig verrühren. Mit dem Eiscreme-Portionierer Teigkugeln auf ein eingefettetes Backblech setzen und, wenn gewünscht, auf jede Kugel eine gute Prise Kümmel, Sesam, Leinsamen oder Mohnsamen pressen. In der Mitte des Ofens während 10 bis 15 Minuten knusprig backen.

Belgisches Mandelbrot

Bild S. 27

Ergibt 1 grosses Formenbrot.

- 200 g Honig
- 2 Eier
- 1 EL Natron
- 150 ml Milch
- 300 g Weizenmehl, frisch gemahlen
- 25 g Lebkuchengewürz
- 1 EL Carobpulver oder Kakao
- 1 Pr. Meersalz
- 200 g ganze Mandeln

Geniessen Sie dieses feine Lebkuchengebäck zum Tee oder zu einem Glas Wein.

Honig und Eier schaumig rühren. Natron mit dem Mehl vermischen und mit den restlichen Zutaten zur Eiermasse geben. Zuletzt die ganzen Mandeln unterheben. Eine grosse Cakeform (Kastenform) einfetten und die Masse einfüllen. Bei 190 Grad 40 bis 45 Minuten backen. Backprobe machen. Nach dem Backen kurz abkühlen lassen und aus der Form nehmen.

Einfaches Früchtebrot

- 20 g Hefe
- 400 ml Milch oder Wasser
- 600 g feines Weizenschrot, frisch gemahlen
- 100 g Rosinen
- 100 g Dörraprikosen, in Stücke geschnitten
- 100 g Dörrpflaumen, in Stücke geschnitten
- 100 g ganze Nüsse nach Wahl
- 1 TL Meersalz

Die Hefe in der Flüssigkeit auflösen. Knapp die Hälfte vom Weizenschrot beifügen und mit einer Holzkelle gut verrühren. An einem warmen Ort aufgehen lassen, bis sich Blasen bilden. Wenn Haselnüsse oder Mandeln verwendet werden, diese in Wasser legen, damit sie später beim Brotschneiden besser durchgeschnitten werden können. Das restliche Schrot, die Dörrfrüchte und das Salz zum Vorteig geben. Die Nüsse aus dem Wasser nehmen und ebenfalls beigeben. Alles gut kneten. Den Teig ums Doppelte aufgehen lassen. Einen Laib formen und in eine eingefettete Cakeform (Kastenform) füllen. Nochmals 15 Minuten gehen lassen. Bei 175 Grad 45 bis 60 Minuten backen.

Bündner Birnbrot

Teig:

ca. 1,6 kg Hefebrotteig (Rezept Seite 21)

Füllung:

1 kg	Dörrbirnen oder eine Mischung von mindestens 500 g Dörrbirnen, Dörräpfeln und Dörrpflaumen
200 g	Dörrfeigen
400 ml	Rotwein
100 ml	Kirsch
200 ml	Wasser
150 g	Rosinen

abgeriebene Schale von einer Zitrone

3 EL	Honig oder Birnendicksaft
1 EL	Zimt
2 EL	Birnbrotgewürz
50 g	Orangeat
150 g	Baumnuss-(Walnuss-)kerne
150 g	ganze Haselnüsse
150 g	Nüsse, frisch gemahlen

Zum Bestreichen:

1 Ei

Ergibt 6 kleine Brote.

Das Rezept entspricht genau dem Bündner Original, ausser dass wir natürlich frischgemahlenes Vollkornmehl statt Weissmehl nehmen. Birnbrote bleiben, gut eingepackt, mehrere Wochen frisch.

Die Dörrfrüchte (ohne Rosinen) über Nacht im Rotwein, Kirsch und Wasser einweichen, am besten mit einem beschwerten Teller in eine Schüssel gepresst. Am nächsten Tag die Früchte klein schneiden, durch den Fleischwolf drehen oder im Cutter pürieren. Alle Flüssigkeit zur Masse mischen. Die übrigen Zutaten für die Füllung dazumischen.

Vom aufgegangenen Hefeteig knapp die Hälfte mit der Füllung verkneten. Die Masse muss gut durchmischt sein. 6 gleich grosse Portionen machen. Den restlichen Teig ebenfalls in 6 Portionen teilen und zu grossen Rechtecken von etwa 3 mm Dicke ausrollen. Die Ecken ausschneiden und den Teig mit Eiweiss bestreichen. Die Füllung in vorgeformten Laiben darauflegen und satt einpacken. Mit der Naht nach unten auf ein mit Backpapier belegtes Blech legen. Mit verdünntem Eigelb bepinseln und mit einer Gabel einstechen. Mit den Teigresten können Verzierungen ausgestochen und auf die Brote geklebt werden. Nochmals 20 Minuten aufgehen lassen. Im vorgeheizten Ofen bei 200 Grad 45 Minuten backen.

Gerollte Variante (siehe Bild):
Den blossen Teig zu 6 Rechtecken auswallen, mit der Füllung bestreichen und aufrollen.

Eine alte Liebe

Hefegebäck

Erst die Hefe macht einen Teig zum Hefeteig. Was ist das eigentlich, dieser graugelbe Würfel, der so fein obstartig duftet und beim Auseinanderbrechen muschelähnliche Muster bildet?

Hefe ist eine Pilzart (Sprosspilz) und gehört wie die Milchsäurebakterien im Sauerkraut oder die Schimmelpilze im Käse zu den nützlichen Kleinstlebewesen. 5 Milliarden davon sind in einem einzigen Würfel (42 g) zusammengepresst. Bei der Teigführung vermehren sich diese mit rasanter Geschwindigkeit.

Besonders wohl fühlt sich die Hefe bei einer Temperatur zwischen 30 und 40 Grad. Deshalb werden Hefeteige meist mit lauwarmer Flüssigkeit angerührt. Kann man aber der Hefe Zeit geben, zum Beispiel, indem man den Vorteig über Nacht gehen lässt, so darf die Flüssigkeit auch kalt sein. Das ergibt ein verdaulicheres Gebäck, denn das Mehl wird besser aufgeschlossen, was beim Vollkorn sehr wichtig ist. Die langsamere Teigführung hat noch einen weiteren Vorteil: Es kann weniger Hefe genommen werden. Das Gebäck trocknet weniger schnell aus und bekommt keinen Hefegeschmack.

Entgegen einer verbreiteten Meinung ist es nicht nötig, die Hefe mit Zucker, Malz oder Honig zu «verwöhnen». Besser ist, man gibt ihr Zeit, und, wenn's eilt, Wärme. (Das warme Wasserbad hat sich in solchen Fällen bewährt, denn auch der aufsteigende Dampf ist der Hefe freundlich gesinnt. Aber Achtung: Die Temperatur darf 60 Grad nicht übersteigen, sonst gerinnt das Zelleiweiss der Hefe, und sie wird unwirksam!) Die Süssmittel werden dort verwendet, wo ein süsser Geschmack erwünscht ist.

Wichtig für die Vermehrung der Hefe ist das Kneten (bzw. Rühren), denn dadurch gelangt

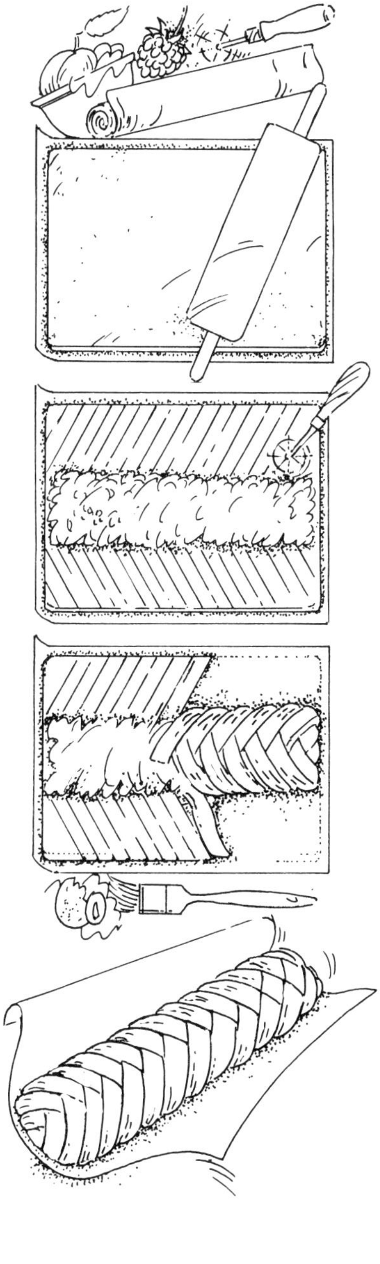

Luftsauerstoff in den Teig. Diesen braucht sie, um den Traubenzucker, den sie aus dem Mehl abgebaut hat, zu verbrennen. Es entstehen Kohlendioxid und Alkohol. Diese in unzähligen Teigkammern eingeschlossenen Gase dehnen sich in der Backhitze aus. So entstehen die anziehenden Rundungen und die lockere Krume, die Hefegebäck so begehrenswert machen.

Die beste Hefe bekommt man beim Bäcker, der sie vom grossen Block bricht. Aber auch die Würfel aus dem Laden geben gute Resultate, sofern sie frisch sind. Alte Hefe fühlt sich schmierig an und ist zum Backen nicht mehr geeignet. Trockenhefe als Vorrat oder für die Ferien ist immer nur ein behelfsmässiger Ersatz für die frischen Würfel. Diese können übrigens tiefgekühlt werden. Sie verlieren dadurch ihre Wirksamkeit nicht, müssen aber nach dem Auftauen schnell aufgebraucht werden.

Das Flechten von Melba-Plunderrolle (Seite 52). Diese Strudelart kann mit den verschiedensten Zutaten gefüllt werden, zum Beispiel Mohn, Seite 48, Nüsse oder Mandeln, Seite 44, Äpfel, Seite 61, Gemüse, Seite 80.

Sonntagszopf

20 g	Hefe
600 ml	Milch
1 kg	Weizenmehl, frisch gemahlen, evtl. gesiebt
1	Ei
120 g	weiche Butter
1 EL	Meersalz

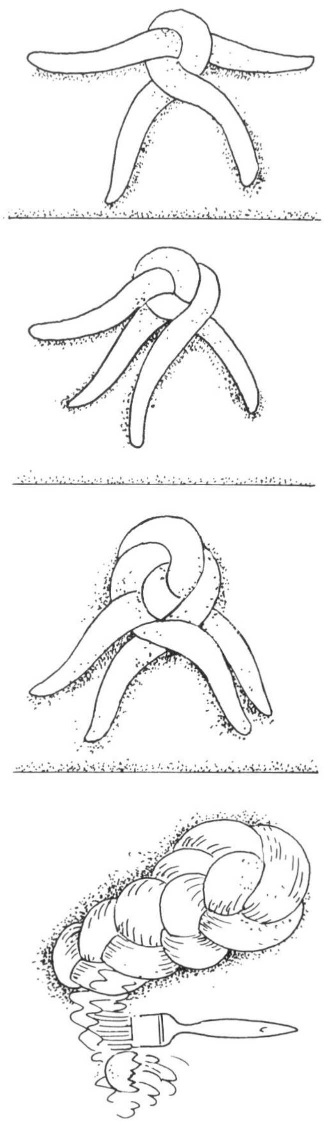

Ergibt 1 sehr grossen oder 2 mittlere Zöpfe. Die Hefe in der Milch auflösen. Etwa die Hälfte des Mehles zugeben und klopfen, bis der Teig Blasen wirft. An einem warmen Ort mindestens ½ Stunde aufgehen lassen. Das Ei aufschlagen und etwa 1 Esslöffel vom Eigelb zum Bestreichen zurückbehalten. Das restliche Ei, das restliche Mehl, Butter und Salz zum aufgegangenen Vorteig geben. Einen Teig bilden und mindestens 10 Minuten kneten. Wenn der Teig sehr feucht und klebrig ist, nach und nach wenig Mehl einkneten. Aber Achtung, zuviel Mehl macht den Teig hart und trocken, so dass er nicht mehr schön aufgeht. Vollkornmehl nimmt Flüssigkeit nur langsam auf. Ein Teig, der anfänglich zu feucht scheint, ist vielleicht nach dem Kneten und Ruhenlassen gerade richtig.

Den Teig zurück in die Schüssel geben und mit einem feuchten Tuch bedeckt um das Doppelte aufgehen lassen. Den aufgegangenen Teig halbieren (für 2 Zöpfe vierteln) und zu 2 Rollen von etwa 60 cm Länge drehen. Die Teigrollen in der Mitte schräg übereinanderlegen und satt flechten (siehe Skizze). Den fertigen Zopf nochmals so lange aufgehen lassen, bis ein Eindruck mit dem Finger nicht mehr zurückspringt. Wenn möglich eine Stunde kühl stellen. Dadurch wird das Flachwerden beim Backen verhindert. Das zurückbehaltene Eigelb mit ein paar Tropfen Wasser oder Milch verdünnen und den Zopf bepinseln. Den Backofen auf 250 Grad vorheizen. Den Zopf einschieben und nach 10 Minuten auf 200 Grad hinunterschalten. Ganze Backzeit: 45 Minuten.

Dampfnudeln (Rohrnudeln)

20 g	Hefe
75 ml	Milch
150 g	Weizenmehl, frisch gemahlen
150 g	Dinkelmehl, frisch gemahlen
3 EL	Vollrohrzucker

abgeriebene Schale von ½ Zitrone

2	Eier
2 Pr.	Meersalz
100 g	weiche Butter

Für den Topfboden:
100 ml Milch

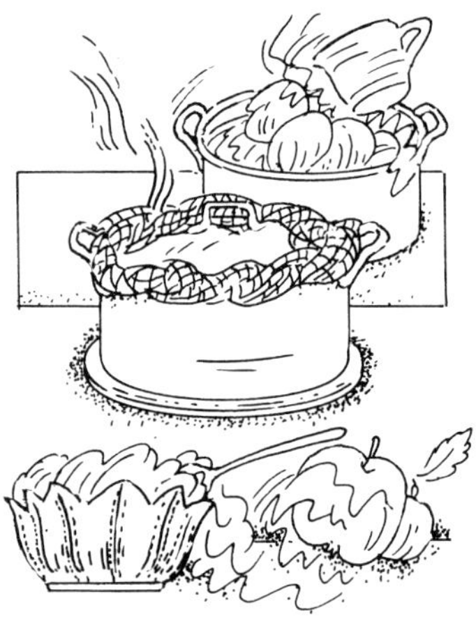

Ergibt 4 Portionen.

Ein Lieblingsgericht für Kinder – grosse und kleine – aus Grossmutters Küche. Da die Dampfnudeln auf der Herdplatte «gebacken» werden, brauchen sie weniger Energie als die meisten Backwaren. Sie sollten dampfend heiss auf den Tisch kommen mit Vanillecreme oder Apfelmus (auch rohem) oder Kompott oder einer Joghurt- oder Quarkspeise mit frischen Früchten.

Die Hefe in der Milch auflösen. Das Mehl in eine Backschüssel geben und einen Kranz formen. Die Hefelösung in die Mitte giessen und mit etwas Mehl zu einem Teiglein verrühren. Etwa ½ Stunde gehen lassen. Alle übrigen Zutaten, ausser der Butter, beifügen und verrühren. Zuletzt die Butter in Stücken in den Teig hineinarbeiten. Ein paar Minuten kneten, bis ein geschmeidiger Teig entsteht. Zugedeckt mindestens 1 Stunde aufgehen lassen. Zu einer dicken Wurst rollen und diese in 8 gleich grosse Stücke teilen. Kugeln formen und 15 Minuten aufgehen lassen. In einem gut schliessenden Topf von 18 bis 20 cm Durchmesser 100 ml Milch aufkochen. Die Teigkugeln hineingeben. Die Pfanne zudecken und ein eingerolltes Tuch auf den Deckelrand legen, damit möglichst wenig Dampf entweichen kann. Bei kleinster Hitze 20 Minuten dämpfen. Direkt aus der Pfanne servieren. Die karamelisierte Milch vom Boden schaben und mitessen.

Elsässer Kougelhopf

40 g	Hefe
200 ml	Milch
250 g	Weizenmehl, frisch gemahlen
200 g	Dinkelmehl, frisch gemahlen
80 g	grosse schwarze Rosinen (z. B. Monukka oder Malaga)
2 EL	Rum
200 g	Butter
2	Eier
80 g	Birnendicksaft
1 TL	Meersalz

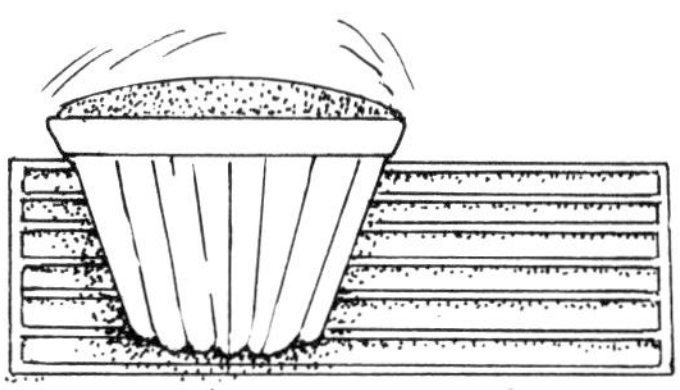

Für einen mittelgrossen Gugelhopf.

Nicht mehr Brot und noch nicht ganz Kuchen und deshalb passend für viele Gelegenheiten: zum Frühstück oder Brunch, zum Tee oder zu einem Glas Wein. Beim Gugelhopfbacken darf man keine Eile haben. Die Hefe braucht Zeit, ihn luftig und leicht zu machen.

In einer grossen Schüssel die Hefe mit der Milch auflösen. Etwa 100 g Mehl dazugeben und verrühren und mindestens ½ Stunde aufgehen lassen. Die Rosinen im Rum einlegen. Die Butter schaumig rühren und nach und nach die Eier zugeben. Ein paar Esslöffel vom restlichen Mehl hineinrühren und dann den Birnendicksaft und das Salz zugeben und nochmals schaumig rühren. Den Rum (ohne die Rosinen) und das restliche Mehl zugeben und zu einem Teig verrühren. Jetzt den Hefevorteig einrühren und den Teig klopfen, bis er Fäden zieht und sich vom Schüsselrand löst. Die Rosinen untermischen. 2 Stunden aufgehen lassen. Eine Gugelhopfform gut einbuttern und mit Mehl bestäuben. Den Teig hineingeben und nochmals aufgehen lassen, bis er den Rand leicht übersteigt (etwa 1 Stunde). Bei 180 Grad 45 bis 50 Minuten auf der untersten Rille backen.

Hefe-Süssteig (Grundrezept)

20 g Hefe
300 ml Milch
ca. 600 g Weizen- und Dinkelmehl gemischt, frisch gemahlen
3 EL Honig
2 Eier
etwas abgeriebene Zitronenschale
½ TL Meersalz
75 g Butter

Ein Teig für alle Jahreszeiten. Er ist der Grundteig für Dreikönigskuchen, Ostergebäck, 1.-August-Weggen, Bienenstich und Grittibänzen (Teigmännchen). Ein idealer Teig auch zum Backen mit Kindern, denn er lässt alles mit sich machen.

Die Hefe in der Milch auflösen. Knapp die Hälfte des Mehls dazurühren und mindestens 1 Stunde aufgehen lassen. Honig, Eier, Zitronenschale und Salz dazugeben und alles gut verrühren. Die Butter und das restliche Mehl nach und nach beifügen, bis ein knetbarer, aber noch weicher Teig entsteht. 10 Minuten kneten. Den Teig zurück in die Schüssel geben und mit einem feuchten Tuch bedeckt aufgehen lassen, bis er doppelt so gross ist. Jetzt kann er mit viel Fantasie geformt werden. Einige Anregungen geben die folgenden Rezepte.

Osterlämmer

1 Hefe-Süssteig, Rezept oben
Zum Bepinseln:
1 Eigelb
Gemahlene Nüsse, ganze Mandeln, Rosinen

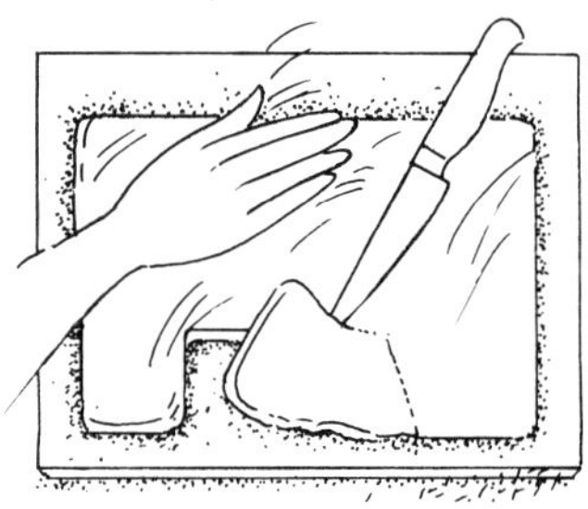

Ergibt 5 Stück.

Den Teig in 5 Stücke teilen. Kugeln formen und zu einem Viereck flachdrücken. Die Beine herausschneiden und Rücken und Schwanz mit Eigelb bestreichen und mit gemahlenen Nüssen bestreuen. Als Ohr eine Mandel und als Auge eine kleine Rosine einsetzen. Nochmals 15 bis 20 Minuten aufgehen lassen und bei 200 Grad etwa 15 Minuten backen.

Friedenstäubchen

1 Hefe-Süssteig, Rezept Seite 38
Zum Bestreuen:
Sesam für die Flügel
Zum Bestreichen:
1 Eigelb

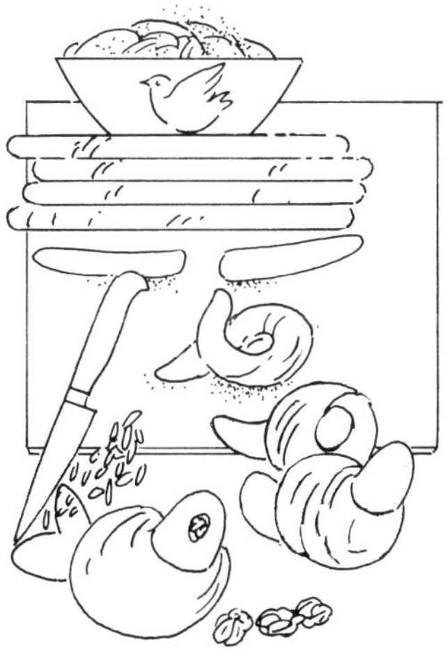

Ein schönes «Mitbringsel» als Zeichen des Friedens und der Freundschaft.

Den Teig in 4 Teile schneiden, aus jedem Teil eine etwa 40 cm lange, daumendicke Rolle formen und in der Mitte teilen. Jede Rolle zu einem Knoten formen und das Köpfchen herausziehen. Das Schwanzende einschneiden. Die Täubchen auf ein Backblech setzen und mit Eigelb bestreichen. Mit den Rosinen die Augen markieren und die Flügel mit Sesam bestreuen. 20 bis 30 Minuten aufgehen lassen und bei 200 Grad etwa 15 Minuten goldbraun backen.

Sitzende Osterhasen

1 Hefe-Süssteig, Rezept Seite 38
1 Eigelb
Rosinen

Ergibt 5 Hasen.

Den Teig in 5 Stücke schneiden. Aus jedem Stück eine Rolle formen. Davon je ein Stück Teig für Kopf, Ohren, Pfoten und Schwanz abschneiden. Den Rumpf flachdrücken. Die Glieder formen und mit Eigelb oder Wasser ankleben und die Hasen mit verdünntem Eigelb bepinseln. Fürs Auge eine Rosine einsetzen. Nochmals 15 bis 20 Minuten aufgehen lassen und bei 200 Grad etwa 15 Minuten goldgelb backen.

Grittibänzen

1 Hefe-Süssteig, Rezept Seite 38

Zum Bestreichen:
1 Eigelb

Rosinen, Nüsse, Mandeln, Samen und Kerne zum Verzieren

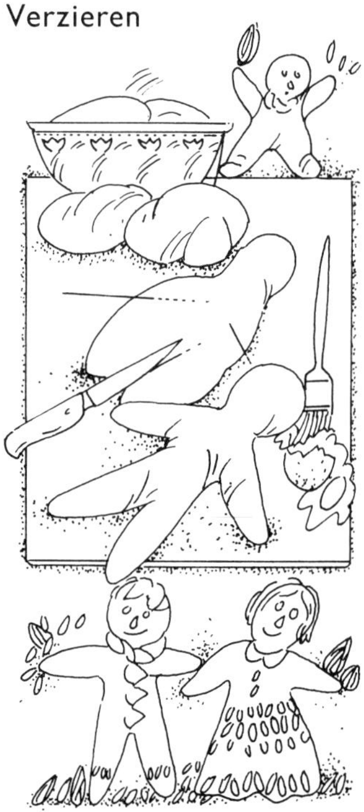

In der Ostschweiz heissen diese Teigmännlein, -weiblein und -kinder «Elggermannen».

Den Hefeteig zubereiten und aufgehen lassen. Je nach der gewünschten Grösse der Figuren den Teig in 2, 3, 4, 5 oder sogar 6 Teile schneiden. Aus den Teigstücken Ovale formen. Durch leichtes Zusammendrücken den Kopf markieren. Den Teig für die Arme links und rechts, für die Beine unten in der Mitte einschneiden oder bei Mädchen einen Rock lassen. Den Gliedern die gewünschte Form geben. Mit Teigresten Mützen, Gürtel, Halsschleifen, Knöpfe usw. anfertigen und durch Befeuchten auf die Figuren kleben. Haare und Bärte bekommt man, indem man etwas Teig durch die Knoblauchpresse drückt. Man kann auch Zöpfe flechten. Mit verdünntem Eigelb bestreichen. Rosinen für die Augen, Mandeln für die Nase und Sonnenblumenkerne für die Zähne gut in den Teig eindrücken. Die fertigen Teigmenschen auf ein Backblech legen. 15 bis 20 Minuten aufgehen lassen. Bei 200 Grad 20 bis 30 Minuten backen.

Christstollen

40 g	**Hefe**
600 ml	**warme Milch**
1 kg	**Weizenmehl, frisch gemahlen**
200 g	**Sultaninen**
4 EL	**Rum**
200 g	**Datteln, entsteint und fein gehackt**
100 g	**Honig**
10 g	**Bittermandeln, winzig klein gehackt oder 10 Tropfen Bittermandelextrakt**
50 g	**Korinthen**
150 g	**Orangeat und Zitronat (selbstgemachtes nur 100 g, da intensiver im Geschmack)**
150 g	**Mandeln, grob gehackt**
100 g	**Pinienkerne**
1 EL	**Vanillezucker**
1 EL	**abgeriebene Zitronenschale**
1 TL	**Meersalz**
250 g	**weiche Butter**

Ergibt 2 grosse, 3 mittlere oder 4 kleine Stollen.

Sie sollen das eingewickelte Christkind darstellen. Christstollen eignen sich gut zum Verschenken, da sie luftdicht verpackt einige Wochen haltbar sind.

In einer grossen Schüssel die Hefe in der Milch auflösen. Etwa die Hälfte des Mehls beifügen und gut verrühren. An einem warmen Ort mindestens ½ Stunde gehen lassen. Inzwischen die Sultaninen im Rum einlegen. Das restliche Mehl und alle übrigen Zutaten zum aufgegangenen Vorteig geben. Einen Teig bilden und kneten, bis alle Zutaten gleichmässig eingearbeitet sind. Den Teig zurück in die Schüssel geben und mit einem feuchten Tuch bedeckt ums Doppelte aufgehen lassen.

Den Teig je nach der gewünschten Grösse der Stollen in 2, 3 oder 4 Stücke teilen und zu einem etwa 3 cm dicken Oval ausrollen. In der Mitte mit dem Wallholz (Nudelholz) eine kleine Vertiefung eindrücken und dort überschlagen. Auf einem mit Backpapier belegten Backblech nochmals 20 bis 30 Minuten aufgehen lassen. Bei 180 Grad je nach Grösse der Stollen 45 bis 60 Minuten backen. Während des Backens die Stollen 2- bis 3mal mit Butter bepinseln.

Tip:
Der traditionelle Christstollen wird mit Puderzucker bestreut. Wer will, kann unsern Vollwertstollen mit Vollrohrzucker garnieren, und zwar wird dieser direkt über dem noch warmen Stollen durch ein Teesieb gestrichen.

Bienenstich

Teig:
1 Hefe-Süssteig, Rezept Seite 38

Mandelbelag:
50 g Butter
50 g Rahm
20 g Honig
50 Mandelsplitter oder gehackte Mandeln

Vanillefüllung:
1 Portion Vanillebackcreme gemäss Rezept Seite 55
100–200 ml Rahm

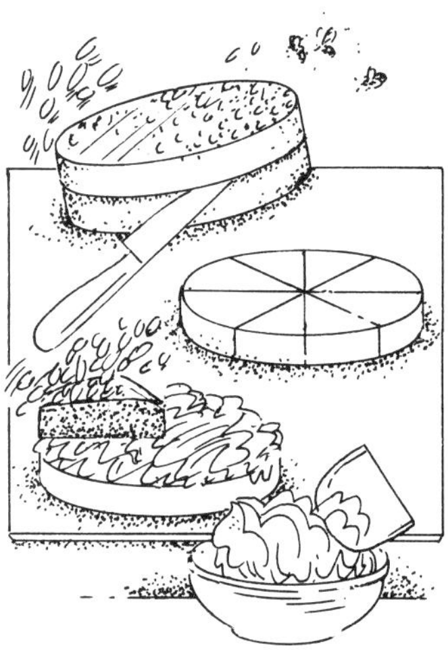

Ergibt 2 Kuchen von 22 cm Durchmesser.

Wie alles Hefegebäck schmeckt Bienenstich am allerbesten frisch gebacken. Er ist aber auch am nächsten Tag noch sehr fein. Im Kühlschrank – gut zugedeckt – hält er sich sogar mehrere Tage. Man kann auch einen der beiden Kuchen mit oder ohne Füllung einfrieren.

Den Hefe-Süssteig zubereiten und aufgehen lassen. Für den Belag Butter, Rahm und Honig zusammen aufkochen. Vom Feuer nehmen und die Mandeln einrühren. 2 Kuchenbleche von 22 cm Durchmesser einfetten. Den Teig halbieren, auf die Grösse der Bleche ausrollen und hineinlegen. Mit dem Belag bestreichen und nochmals 10 Minuten aufgehen lassen. Bei 200 Grad 25 Minuten backen. Auf einem Rost auskühlen lassen.

Inzwischen die Vanillefüllung zubereiten und etwas erkalten lassen. Den Rahm steifschlagen und unterziehen. Die Hefekuchen in der Mitte horizontal durchschneiden. Die Böden mit der Füllung bestreichen. Die Deckel in 6 oder 8 Stücke schneiden und auf die bestrichenen Böden legen. Zum Servieren noch ganz durchschneiden.

Hefeschnecken

Teig:

1	Hefe-Süssteig, Rezept Seite 38

Füllung:

200 g	Vollrohrzucker
350 g	Haselnüsse, fein gemahlen
200 g	weiche Butter
1 TL	Zimt
100 g	Rosinen

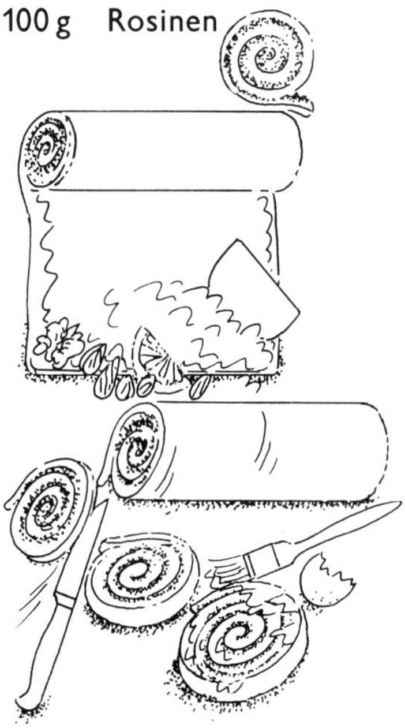

Ergibt etwa 30 Stück.

Den Hefeteig zubereiten und aufgehen lassen. Für die Füllung alle Zutaten gut mischen.

Den Hefeteig zu einem grossen Rechteck ausrollen (etwa 50 × 70 cm – je länger das Rechteck, desto grösser werden die Schnecken). Die Füllung darauf verteilen. Auf einer Querseite einen Rand freilassen und diesen mit wenig Wasser bestreichen. Den Teig von der andern Seite her einrollen. 1 bis 2 cm dicke Schnecken schneiden. Wenn nötig, schön rund formen. Auf ein eingefettetes Backblech legen. Nochmals 15 Minuten aufgehen lassen. Mit verdünntem Eigelb bestreichen. Im vorgeheizten Ofen bei 200 Grad 15 bis 20 Minuten backen.

Varianten:
Anstelle von Haselnüssen können Mandeln oder Baumnüsse (Walnüsse) und statt Rosinen selbstgemachtes Orangeat (Seite 148) verwendet werden.

Rosettenkuchen

1 **Hefe-Süssteig, Rezept Seite 38 mit 100 statt 75 g Butter hergestellt**

Zum Bepinseln:

4–5 EL **flüssige Butter, Zwetschgenkonfitüre**

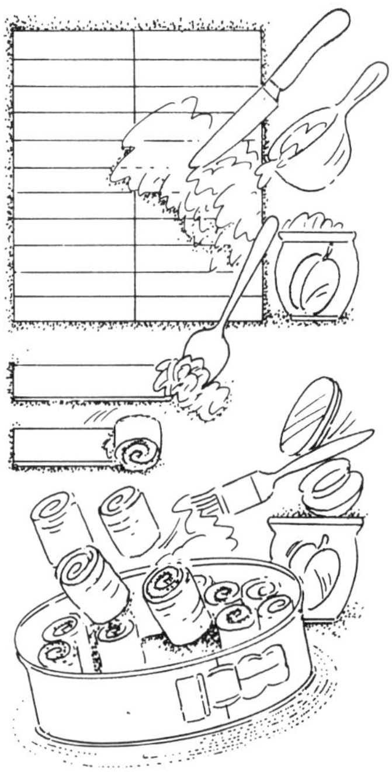

Für 1 Springform von 22 cm Durchmesser oder 1 Herz von etwa gleicher Grösse.

Den Hefeteig zu einem Rechteck ausrollen und mit flüssiger Butter bepinseln. Streifen von der Höhe der Form (meist 4 bis 5 cm) und 10 cm Länge schneiden. Auf das eine Ende von jedem Streifen ½ Teelöffel Konfitüre geben und von diesem Ende her aufrollen. Die Rosetten in die gut bebutterte Form stellen. Etwas Abstand lassen, da sie noch aufgehen. Etwa 1 Stunde aufgehen lassen. Bei 200 Grad etwa 20 Minuten backen. Den Kuchen noch heiss mit Konfitüre bestreichen.

Variante:
Für die Festtage kann dieser Kuchen in Form eines Christbaums gebacken werden (siehe Zeichnung).

Mohnkranz

Bild S. 53

½	Hefe-Süssteig, Rezept Seite 38, oder Plunderteig, Rezept Seite 50
Füllung:	
250 g	Mohnsamen, sehr fein gemahlen
125 ml	Milch
100 g	Vollrohrzucker
50 g	Butter
1 Pr.	Meersalz
½ TL	Zimt
2	Eier
2 EL	Orangeat
Zum Bestreichen:	
1	Eigelb

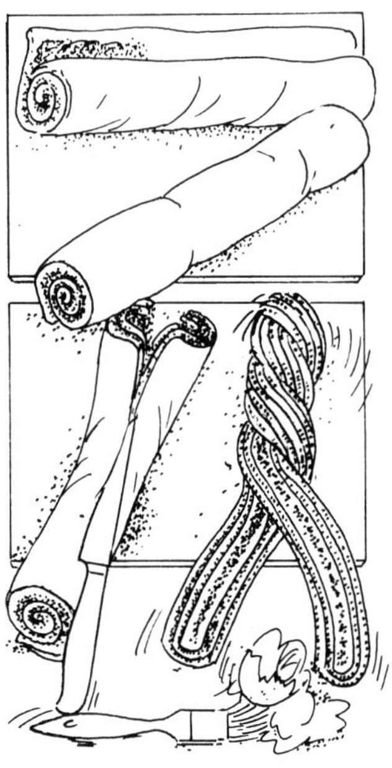

Für 1 Springform von 26 cm Durchmesser.

Archäologische Funde belegen, dass schon die Pfahlbauer Mohnkuchen gegessen haben. Heute ist Mohn bei uns etwas in Vergessenheit geraten. Für die Füllung in diesem Rezept können Sie die Samen selber mahlen mit einer Ölsaat- oder Kaffeemühle, im Mixer oder Cutter. Damit die Füllung gelingt, müssen die Samen sehr fein gemahlen sein.

Mohn, Milch, Vollrohrzucker und Butter in einem Pfännchen aufkochen lassen. Salz und Zimt zugeben. Kurz abkühlen lassen und Eier und Orangeat unterrühren. Den Hefeteig nochmals durchkneten (Plunderteig nicht kneten). Zu einem Rechteck von 25 × 40 cm ausrollen. Die Füllung gleichmässig auf den Teig streichen. Das Rechteck satt aufrollen und die Rolle der Länge nach durchschneiden. Die zwei Hälften immer mit der Schnittfläche nach oben winden und in Kranzform in eine gebutterte Springform legen. Damit der Kranz gleichmässig aufgeht, in die Mitte eine leere Konservenbüchse stellen. Mit etwas verdünntem Eigelb bestreichen. An einem warmen Ort nochmals 45 bis 60 Minuten aufgehen lassen. Bei 180 Grad 30 bis 40 Minuten backen.

Tip:
Da Mohn gerne etwas austrocknet, schmeckt der Mohnkranz am besten frisch gebacken. Will man ihn ein paar Tage aufbewahren, so sollte man ihn direkt aus dem Ofen mit heisser Aprikosenkonfitüre bestreichen.

Mohnstollen

Für 1 langen Stollen.

Gleich wie den Mohnkranz zubereiten. Die aufgeschnittene, gewundene Rolle gerade lassen und in einer langen Kastenform backen.

Mohnschnecken

Ergibt etwa 25 Stück.

Gleich wie den Mohnkranz zubereiten. Die gefüllte Rolle nicht der Länge nach aufschneiden, sondern etwa 2 cm dicke Schnecken schneiden. Auf ein Blech legen. Backzeit: 15 bis 20 Minuten.

Apfel-Streuselkuchen

½ Hefe-Süssteig, Rezept Seite 38

Streusel:

100 g Butter
50 g Vollrohrzucker
150 g Weizenmehl
½ TL Zimt
1 Pr. Meersalz
1 Msp. Vanillepulver

Füllung:

750 g Äpfel, geraffelt mit Schale
100 g Rosinen
1 EL Zitronensaft
½ TL abgeriebene Zitronenschale
2 EL Birnendicksaft
1 TL Zimt

Für 1 Kuchenblech von 30 cm Durchmesser.

Die Zutaten für die Streusel gut mischen, zu einer Teigkugel formen und ins Tiefkühlfach stellen. Den Hefeteig auf die Grösse des Kuchenblechs ausrollen und auf das eingefettete Blech legen. Für die Füllung alle Zutaten in eine Schüssel geben und gut miteinander vermischen. Auf den Hefeteig verteilen. Die Streuselmischung aus dem Tiefkühlfach nehmen und durch die Röstiraffel direkt auf die Äpfel reiben. Bei 220 Grad etwa 30 Minuten backen.

Variante:
Anstelle von Äpfeln können auch andere Früchte, z. B. Zwetschgen verwendet werden.

Plunderteig (Grundrezept)

40 g Hefe
300 ml Milch
550 g Weizenmehl, frisch gemahlen
2 EL Honig
2 Eier
½ TL Zitronenschale, abgerieben
½ TL Meersalz
75 g Butter
Zum Tourieren:
200 g Butter, nicht zu weich, zum Ausrollen geeignet

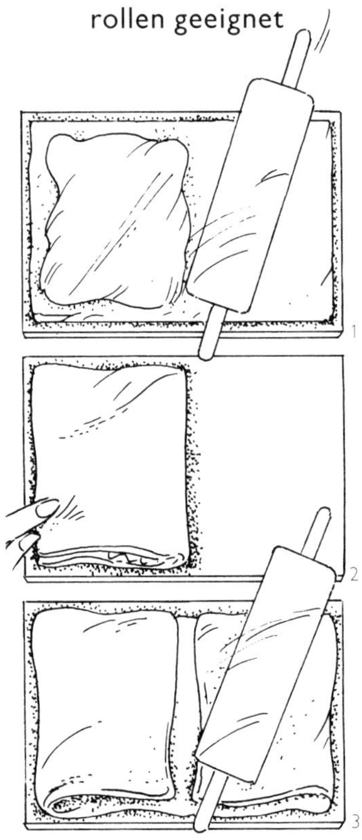

Ergibt etwa 1,2 kg Teig.

Ein Grundteig, der sich vor allem zum Einrollen von Füllungen eignet. Viele bekannte Backwaren wie Nussgipfel und Hefekranz werden mit Plunderteig gemacht.
Ergibt etwa 1,2 kg Teig.

Die Hefe in der lauwarmen Milch auflösen. Die Hälfte des Mehles dazurühren und mindestens 1 Stunde aufgehen lassen. Honig, Eier, Zitronenschale, Salz und 75 g Butter zugeben und alles gut verrühren. Restliches Mehl nach und nach unterrühren, bis ein knetbarer, aber noch weicher Teig entsteht. Einige Minuten kneten, bis sich der Teig vom Tisch löst. Zurück in die Schüssel legen und mit einem feuchten Tuch bedecken. Auf das doppelte Volumen aufgehen lassen. Den Teig nochmals durchkneten und zu einem Rechteck ausrollen. Die Butter auf die Hälfte der Teiggrösse ausrollen und eine Teighälfte damit belegen (1). Die unbelegte Teigseite darüberschlagen und die Teigränder allseitig gut andrücken (2). Den Teig mit gleichmässigem Druck wieder zu einem Rechteck von der ursprünglichen Grösse ausrollen. 3 doppelte Touren geben (d. h. 3–5 dreimal wiederholen). Den Teig zwischen den einzelnen Touren jeweils ½ Stunde mit Plastikfolie zugedeckt ruhen lassen (6). Nach dem Tourieren bis zur Weiterverarbeitung nochmals kurz ruhen lassen.

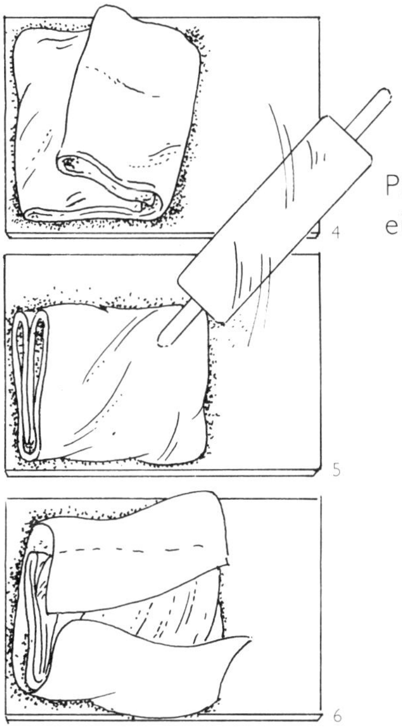

Tip:
Plunderteig lässt sich wie Blätterteig sehr gut einfrieren.

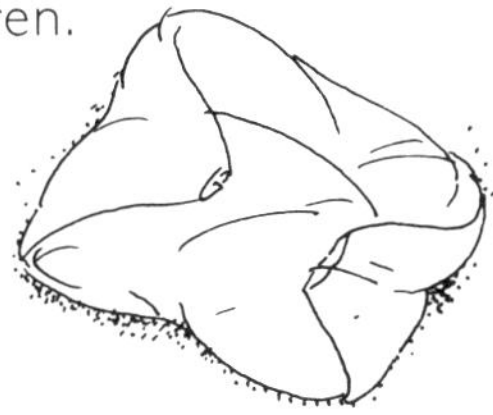

Nusskranz

½	**Plunderteig, Rezept Seite 50**

Füllung:

250 g	**Haselnüsse, frisch gemahlen**
100 g	**Vollrohrzucker**
150 ml	**Milch**
½ TL	**echtes Vanillepulver**

Für 1 Springform von 26 cm Durchmesser.

Die Zutaten für die Füllung gut mischen. Den Teig zu einem Rechteck von 25 × 40 cm auswallen. Füllen, Formen und Backen wie den Mohnkranz, Seite 48.

Aprikosenplunder

½ Plunderteig, Rezept Seite 50

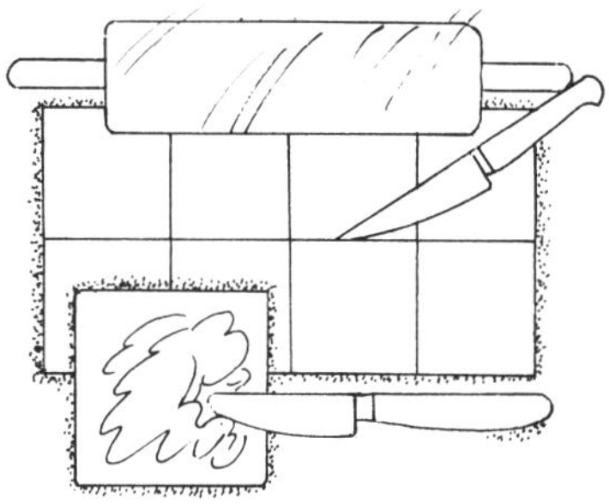

8 Aprikosen, halbiert und entsteint
½ Portion Vanillebackcreme gemäss Rezept Seite 55

Zum Bestreichen:
1 Eigelb

Ergibt 15 Stück.

Den Teig vorsichtig und mit gleichmässigem Druck 30 × 50 cm ausrollen. In 10 × 10 cm grosse Quadrate schneiden und die Backcreme in die Mitte geben. Auf jedes Quadrat 2 Aprikosenhälften legen, Schnittfläche nach unten. Von den freien Seiten zur Mitte einklappen. Mit Eigelb bestreichen und 30 Minuten aufgehen lassen. Bei 200 Grad 20 Minuten backen.

Varianten:
Anstelle von Aprikosen können Pfirsich-, Nektarinen-, Apfel- oder Birnenschnitze oder halbierte Zwetschgen verwendet werden.

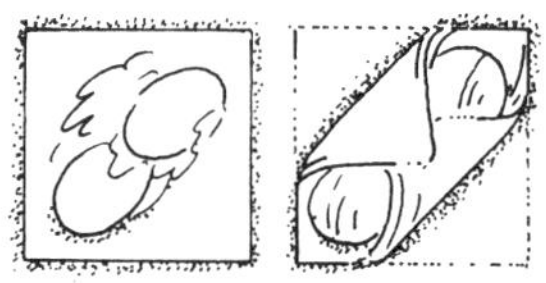

Melba-Plunderrolle

½ Plunderteig, Rezept Seite 50

Füllung
200 g Vollmilchquark
50 g Rosinen
1 Msp. Vanillepulver
100 g Himbeeren
70 g Kokosflocken
4 Pfirsiche, klein geschnitten
1 Apfel, klein geschnitten
1 EL Marantamehl

Ergibt 1 Rolle von Backblechlänge.

Quark, Rosinen und Vanille verrühren. In einer zweiten Schüssel die übrigen Füllungszutaten mischen. Den Teig zu einem Rechteck von 30 × 40 cm ausrollen und auf eine Backfolie legen. In der Mitte einen 15 cm breiten Streifen mit der Quarkfüllung bestreichen. Die Früchtefüllung darüber verteilen. Die Teigränder einschneiden und über die Füllung flechten (siehe Zeichnung, Seite 33). Den Strudel auf der Backfolie aufs Blech übertragen und mit Eigelb bestreichen. Bei 180 Grad 20 bis 30 Minuten backen.

Mandelkranz

½ Plunderteig, Rezept Seite 50

Füllung:
- 50 g Rosinen
- 2 EL Rum
- 250 g Mandeln
- 100 g Vollrohrzucker
- 150 ml Milch
- 4 Tropfen Bittermandelextrakt

Für 1 Springform von 26 cm Durchmesser.

Die Rosinen im Rum einweichen. Die Mandeln fein reiben. Alle Zutaten für die Füllung gut mischen. Den Teig zu einem Rechteck von 25 × 40 cm ausrollen. Füllen, Formen und Backen wie den Mohnkranz, Seite 48.

Nussgipfel

Bild S. 45

1 Plunderteig, Rezept Seite 50

Füllung:
- 500 g Haselnüsse, frisch gemahlen
- 200 g Vollrohrzucker
- 300 ml Milch
- ¼ TL echtes Vanillepulver

Zum Bestreichen:
- 1 Eiweiss
- ½ EL Honig

Ergibt etwa 30 Stück.

Die Zutaten für die Füllung mischen. Den Teig etwa 3 mm dick zu einem grossen Rechteck ausrollen. Rechtecke schneiden und die Füllung, zur Rolle gedreht, in die Mitte geben. Einschlagen, eventuell eine Rundung geben und mit der Naht nach unten auf ein mit Backpapier belegtes Blech legen. Das Eiweiss mit dem Honig verrühren und die Nussgipfel bestreichen. Nochmals 15 Minuten aufgehen lassen und bei 200 Grad 15 Minuten goldbraun backen.

Tip:
Anstelle von 500 g nur 400 g Haselnüsse nehmen und mit 100 g Brösel vermischen. Brösel können selbstgemacht werden aus Abfällen und Resten von Backwaren, die man durch die Trommelraffel lässt oder in einer Nussmühle mahlt.

Vanillebackcreme (Grundrezept)

3 EL	Birnendicksaft
50 g	Marantamehl oder Speisestärke
2	Eigelb
300 ml	Milch
½	Vanilleschote

Ergibt etwa 500 g Creme.

Eine backfeste Füllung für Plunder, Hefeteig- und Blätterteiggebäck. Sie schmeckt auch ungebacken sehr gut, wenn noch geschlagener Rahm untergehoben wird, wie zum Beispiel für Bienenstich oder Eclairs.

In einer Schüssel Birnendicksaft, Marantamehl und Eigelb kräftig schaumig rühren. Die Milch in eine Saucenpfanne geben. Die Vanilleschote der Länge nach aufschlitzen, auskratzen und Samen und Schote in die Milch geben. Zum Kochen bringen und die kochende Milch unter Rühren zur Eiermasse giessen. Alles zurück in die Pfanne geben und unter ständigem Rühren aufkochen. Vom Feuer nehmen und zudecken, damit sich während des Erkaltens keine Haut bildet. Vor Gebrauch die Vanilleschote entfernen und die Creme kurz durchrühren.

Caramelbackcreme

Besonders für Eclairs geeignet. Genau gleich zubereiten wie die Backcreme. Anstelle von 3 EL Birnendicksaft gut 3 EL Zuckerrübensirup nehmen und die Vanilleschote weglassen.

Wähen, Strudel, Fladen

Folgenden Spruch fanden wir einmal an den Rand eines Innerschweizer Kochbuchs gekritzelt: «D'Muetter chouft dr Teig im Lade, aber dr Vatter seit, das syg äbe nid s'gliiche.» (Die Mutter kauft den Teig im Laden, aber der Vater sagt, das sei eben nicht das gleiche.)

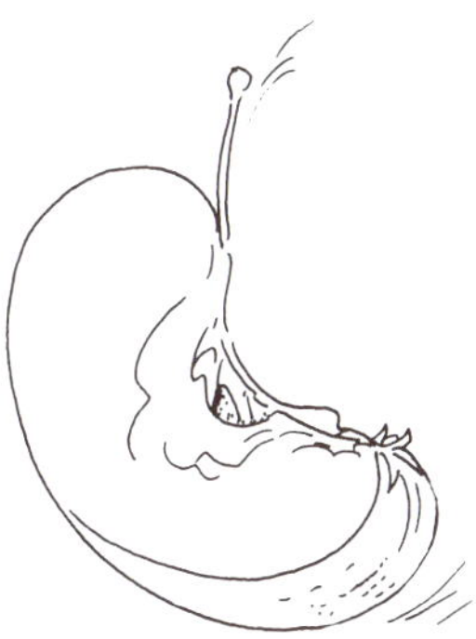

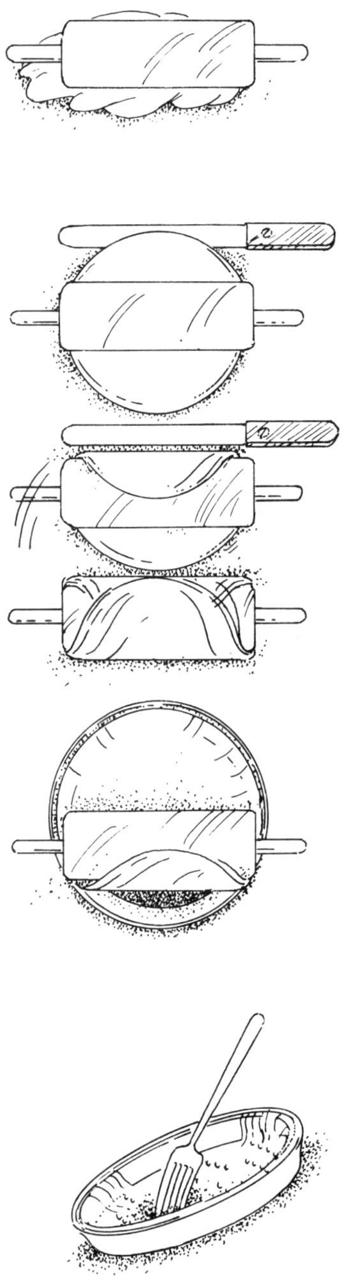

Recht hat er, der Vater, denn gekaufte Kuchenteige gehören zu den unzähligen Weissmehlprodukten, die zuviel Fett von zweifelhafter Qualität enthalten.

Damit die Mutter nicht in Versuchung kommt, solche Fabrikate nach Hause zu nehmen, haben wir 3 Kuchenteige kreiert, die so einfach sind, dass sie sogar der Vater in Minutenschnelle in die Schüssel zaubern kann. Er findet sie auf den Seiten 60 (Geriebener Teig), 59 (Blitzteig) und 66 (Knuspermürbteig). Damit sie schön knusprig bleiben, werden diese Teige so wenig wie möglich geknetet, was das Ausrollen etwas erschwert. Deshalb muss sich der angehende Kuchenbäcker darin üben;

Den fertigen Teig zu einer Kugel formen und diese sorgfältig flachdrücken, damit keine Risse entstehen. Jetzt wird auf der bemehlten Arbeitsfläche mit sanftem, gleichmässigem Druck ausgerollt, bis die Grösse des Blechs erreicht ist. Für einen Rand kommen rundherum noch 2 bis 3 cm dazu. Während des Ausrollens muss der Teig ein paarmal gewendet werden, damit er nicht klebt. Zum Übertragen auf das Blech kann man ihn entweder aufs Wallholz auf- und auf das eingefettete Blech abrollen oder zweimal überschlagen, so dass er noch ein Viertel gross ist und gut von Hand aufgenommen werden kann. Jetzt muss noch der Rand ausgebessert werden. Wer Lust hat, kann einen Zierrand anbringen. Zum Schluss wird der Boden mit einer Gabel eingestochen, damit beim Backen keine Dampfblasen entstehen.

Die Füllungen passen wir den Jahreszeiten, den vorhandenen Zutaten und dem Appetit an.

Blitzkuchenteig (Grundrezept)

275 g	Vollkornmehl, frisch gemahlen (z. B. 200 g Weizen oder Dinkel, 50 g Gerste und 25 g Hafer)
¼ TL	Meersalz
175 ml	Wasser
50 ml	Öl

Ergibt 1 Wähe von etwa 30 cm Durchmesser.

Lernen Sie das Rezept auswendig. Dann ist dieser Teig blitzschnell hergestellt. Es lohnt sich, ihn oft zu machen, denn er ist ausgesprochen fettarm, und das verwendete Fett ist erst noch pflanzlich. Das Geheimnis dieses Teiges besteht darin, dass das Öl sich mit dem heissen Wasser zu einer Emulsion verbindet und dadurch «gestreckt» werden kann. Am besten verwenden Sie gepresstes Maiskeimöl.

Mehl und Salz in eine Schüssel geben und eine Mulde formen. Das Wasser in einer Saucenpfanne zum Kochen bringen. Das Öl in einem Messbecher abmessen und das sprudelnd heisse Wasser dazugiessen. Mit dem Stabmixer oder Schneebesen 1 Minute rühren, bis die Flüssigkeit emulgiert und milchig weiss wird. Sofort in die Mehlmulde giessen und einen Teig bilden. So wenig wie möglich kneten. Der Teig kann jetzt gleich ausgerollt werden. Falls er aber noch zu weich ist, lässt man ihn ruhen, bis die Füllung zubereitet ist.

Blitzkuchenteig für Strudel

Zutaten und Zubereitung sind genau gleich wie für Blitzkuchenteig. Anstelle von Mischmehl sollte aber reines frischgemahlenes Weizenmehl verwendet werden, da dieses beim dünn Ausrollen besser zusammenhält. Ausserdem muss der Teig etwa 5 Minuten geknetet werden und mindestens ¼ Stunde zugedeckt ruhen können. Bereitet er dann immer noch Mühe zum Ausrollen, wird er nochmals gut geknetet.

Geriebener Teig (Grundrezept)

250 g Weizen- oder Dinkelmehl, frisch gemahlen
50 g Gerstenmehl, frisch gemahlen
½ TL Meersalz
90 g Butter
ca. 8 EL Milch oder Wasser

Ergibt 1 Wähe von 30 cm Durchmesser.

Dieser Teig ist nicht süss und eignet sich besonders gut für Wähen aller Art.

Mehl und Salz mischen. Die Butter in Stücken dazugeben. Mit kalten Händen gleichmässig verreiben. Die Flüssigkeit zugeben und einen Teig bilden. Je nach Feinheit der Mehle wird der Teig mehr oder weniger weich. Ist er sehr trocken und brüchig, nochmals etwas Milch zugeben, ist er zu feucht zum Ausrollen, etwas ruhen lassen.

Pikanter Gemüsekuchen

Bild S. 63

1 Geriebener Teig, Rezept oben oder Blitzkuchenteig, Rezept Seite 59
1 kg Gemüse nach Jahreszeit (Zwiebeln, Karotten, Sellerie, Lauch, Zucchetti, Tomaten usw.)

Guss:
10 g Butter oder Öl
6 EL Reismehl
2 Eier
500 ml Wasser
2 TL Hefebrühe oder Gemüseextrakt
100 g Reibkäse
Pfeffer, Paprikapulver, Sambal Oelek, Curry und Chilipulver, Meersalz

Für 1 Blech von etwa 30 cm Durchmesser.

Dieser Kuchen eignet sich ausgezeichnet als feine Mittags- oder Abendmahlzeit.

Den Teig rund ausrollen und das eingefettete Blech damit ausschlagen. Die Gemüse waschen, rüsten und klein schneiden. Zwiebel und Lauch andünsten. Wurzelgemüse kurz mitdünsten. Schnellkochende Gemüse wie Zucchetti und Tomaten roh belassen. Das Reismehl ohne Fett in einem Topf leicht anrösten, Wasser zugiessen und unter Rühren mit dem Schneebesen zum Kochen bringen. 3 Minuten köcheln lassen. Vom Feuer nehmen und die Eier einrühren. Gut mischen. Hefebrühe und Reibkäse zugeben und mit den Gewürzen abschmecken. Die Gemüse gleichmässig auf den Teig verteilen und den Guss darübergiessen. Mit Sesam bestreuen und bei 200 Grad etwa 30 Minuten backen.

Einfacher Apfelstrudel

1 Blitzkuchenteig für Strudel, Rezept Seite 59

Füllung:

1 kg	Äpfel
100 g	Rosinen
evtl. 2 EL	Birnendicksaft (je nach Zuckergehalt der Äpfel)
2 TL	Zimt
4 EL	Haselnüsse, frisch gemahlen

Ergibt 2 Strudel von etwa 30 cm Länge.

Rosinen, Äpfel und Zimt machen diese Füllung so süss, dass man auch ohne konzentriertes Süssmittel auskommt. Wird eine selbstgemachte Vanillesauce dazu serviert und steht vorher ein knackiger Salat oder eine herzhafte Suppe auf dem Tisch, so wird dieser Strudel zur Mahlzeit.

Die Äpfel waschen (nur gespritzte Sorten schälen), Kernhaus ausstechen und Äpfel auf der Röstiraffel reiben. Mit den Rosinen, evtl. Birnendicksaft, Zimt und Haselnüssen vermischen. Den Teig halbieren, zu einem grossen Rechteck ausrollen und auf Backpapier legen. Die Hälfte der Füllung über die Mitte verteilen. Zuerst die Querseiten, dann die Längsseiten einschlagen. Den Strudel mit dem Papier aufheben und auf das Blech gleiten lassen. Mit Gabel einstechen. Mit der zweiten Hälfte des Teiges gleich verfahren. Backen: bei 200 Grad 15 bis 20 Minuten. Nach dem Herausnehmen die heissen Strudel nach Belieben mit einem Stück Butter bestreichen. Warm oder kalt mit Vanillesauce servieren.

Wichtig:
Dieser Teig sollte so dünn wie möglich ausgerollt werden. Der Strudel sollte immer auf Backpapier oder direkt auf dem Backblech «eingepackt» werden, da ein fertiger Strudel von dieser Grösse beim Aufheben mit den Händen bricht oder die Form verliert.

Fruchtwähe (Fruchtkuchen)

Teig:
1 Geriebener Teig, Rezept Seite 60
oder 1 Blitzkuchenteig, Rezept Seite 59

Füllung:
3–4 EL Haselnüsse, frisch gemahlen
ca. 1 kg Früchte der Saison

Guss:
1–2 Eier, verquirlt
1 EL Marantamehl oder Speisestärke
2–3 EL Birnendicksaft, Honig oder Vollrohrzucker
etwas Vanille
etwas abgeriebene Zitronenschale
Milch, Rahm, Nature-Joghurt, Sauermilch oder Quark

Ergibt 1 Wähe von etwa 30 cm Durchmesser oder 2 kleine Wähen.

Wähen, Fladen, Kuchen, Dünne – je nach Gegend haben sie einen andern Namen. Beliebt sind sie, weil sie so vielseitig sind. Man isst sie zu Mittag mit einer schmackhaften Suppe oder einem Saisonsalat, als leichte Abendmahlzeit oder auch zwischendurch. Der Belag passt sich den Jahreszeiten an. Im Frühling kommen als erste die Rhabarberwähen. Dann sind Kirschen an der Reihe, die ersten Äpfel, Aprikosen, Pfirsiche, Zwetschgen, Birnen. Mit einem knusprigen Vollkornboden schmecken sie doppelt gut!

Den Teig zubereiten, ausrollen und die eingefettete Kuchenform damit ausschlagen. Einen Rand hochziehen. Einstechen. Die Haselnüsse darüberstreuen. Die Früchte vorbereiten und dicht auf den Teigboden legen. Eier, Stärke, Birnendicksaft und Vanille in einen Messbecher geben. Mit den Milchprodukten auf ½ Liter auffüllen. Mit dem Schneebesen gut verrühren und über die Früchte verteilen. Bei 220 Grad auf der untersten Rille im Backofen 30 bis 40 Minuten backen.

Anmerkungen und Tips:

- Die Haselnüsse verbessern nicht nur den Geschmack der Wähen, sie saugen auch den Saft, der aus den Früchten austritt, auf. Sind die Früchte sehr saftig, z. B. Pflaumen oder tiefgekühlte Früchte, so sollten zusätzlich noch etwa 2 EL Hirseflocken oder Griess auf den Boden gestreut werden.

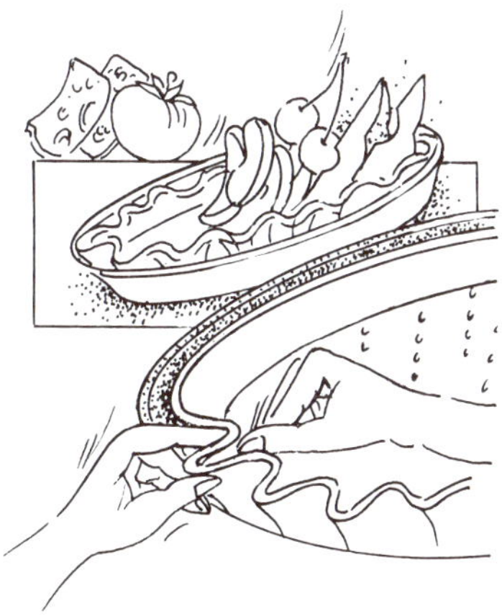

- Die Früchte wie folgt vorbereiten: Rhabarber in Würfel schneiden, Kirschen, wenn gewünscht, entsteinen oder ganz verwenden, Aprikosen, Zwetschgen und Pflaumen halbieren oder vierteln und mit der Schnittfläche nach oben auf den Boden legen, Äpfel, Birnen und Pfirsiche in Schnitze schneiden und ziegelartig auf den Boden legen. Wenn die Haut sehr rauh ist, schälen. Äpfel können zur Abwechslung auch auf der Röstiraffel gerieben werden.
- Im Winter können auch tiefgefrorene Früchte verwendet werden. Sie müssen in gefrorenem Zustand gebacken werden.
- Je nach Zuckergehalt der Früchte braucht es mehr oder weniger Süssmittel. Süssen Sie nach persönlichem Geschmack. Zu Kirschen, Apri-

kosen und Pfirsichen passt Honig, zu Pflaumen und Zwetschgen Vollrohrzucker und zu Äpfeln und Birnen Birnendicksaft. Unter die Rhabarberwürfel mischt man 1 Handvoll Korinthen und süsst den Guss mit Honig oder Vollrohrzucker.

- Wenn die Früchte unreif und sehr sauer sind, bestreut man sie auf dem Wähenboden mit etwas Vollrohrzucker und bäckt die Wähe ohne Guss 10 Minuten vor.
- Wähen eignen sich gut zum Aufbrauchen von sauer gewordenen Milchprodukten, z. B. Rohmilch oder Rahm. Prüfen Sie diese aber vorher: sie dürfen nicht stinken, sondern müssen angenehm säuerlich riechen. Es können verschiedene Produkte in Kombination verwendet werden. Sehr fein schmeckt ein Zusatz von ein paar Esslöffeln Quark.

Bündner Nidelfladen

450 g Knuspermürbteig, Rezept Seite 66

Füllung:

350 g Dörrbirnen
350 ml Wasser
1 EL Kirsch
1 Msp. Zimt
evtl. 1–2 EL Birnendicksaft
50 g Baumnuss-(Walnuss-)kerne, gehackt

Ergibt 1 Kuchen von 30 cm Durchmesser.

So gross wie ein Wagenrad soll das Original manchmal sein. Auch unsere Version ist für eine grosse Tischrunde bestimmt, denn dieser Fladen ist sehr nahrhaft. Reste lassen sich aber auch problemlos einige Tage im Kühlschrank aufbewahren. Gut zudecken und etwa 1 Stunde vor dem Verzehr herausnehmen.

Die Dörrbirnen im Wasser und Kirsch über Nacht einweichen. Am nächsten Tag durch den Fleischwolf treiben oder im Cutter pürieren

Guss:

200 ml	Milch
200 ml	Rahm
1	Ei
1 EL	Marantamehl oder Stärkemehl
1 EL	Kirsch

oder ganz klein schneiden. Das Einweichwasser nicht weggiessen, sondern mit den Birnen und den übrigen Füllung-Zutaten zu einer Paste verrühren. Den Mürbteig zubereiten und ausrollen. Auf ein bebuttertes Wähenblech legen und einen Rand hochziehen. Mit der Füllung bestreichen. Die Zutaten für den Guss mit dem Schneebesen verrühren und über die Füllung giessen. Ganz unten in den vorgeheizten Backofen schieben. Bei 200 Grad ungefähr 30 Minuten backen.

Tip:
Wenn die Dörrbirnen sehr süss sind, braucht es kein zusätzliches Süssmittel. Sonst die Füllung mit etwas Birnendicksaft süssen.

Knuspermürbteig (Grundrezept)

Für etwa 450 g Teig:

150 g	Weizenmehl, frisch gemahlen
100 g	Reismehl (macht den Teig knusprig) oder
150 g	Buchweizenmehl (gibt kräftiges Aroma)
60 g	Vollrohrzucker
1 Pr.	Meersalz
	etwas abgeriebene Zitronenschale
70 g	Butter, in kleine Stücke geschnitten
70 ml	Milch

Für etwa 600 g Teig:

200 g	Weizenmehl, frisch gemahlen
150 g	Reismehl oder
150 g	Buchweizenmehl, frisch gemahlen
80 g	Vollrohrzucker
1 Pr.	Meersalz
1 TL	abgeriebene Zitronenschale
100 g	Butter, in kleine Stücke geschnitten
100 ml	Milch

Ein feiner, relativ fettarmer Mürbteig zum Auslegen von Springformen und Kuchenformen. Er ist der Grundteig für Quarkkuchen, Engadiner Nusstorte, Johannisbeerkuchen und viele andere.

In einer grossen Schüssel das Mehl zu einem Kranz formen und die übrigen Zutaten in die Mitte geben. Rasch zu einem Teig kneten. Je nach Feinheit der Mehle wird der Teig mehr oder weniger weich. Wenn er sehr trocken und brüchig ist, nochmals etwas Milch zugeben, wenn er zu feucht ist zum Ausrollen, ¼ Stunde ruhen lassen.

Tip:

Knuspermürbteig wird schnell hart und brüchig. Er eignet sich deshalb nicht zum Einfrieren. Reste sollten sogleich verbacken werden. Ein einfaches Rezept dafür ist die Französische Apfelwähe, Seite 68.

Engadiner Nusstorte

Bild auf dem Buchumschlag

600 g	Knuspermürbteig, Rezept Seite 66
250 g	Zuckerrübensirup
200 ml	Rahm
2 EL	Honig
250 g	Baumnüsse, grob gehackt
50 g	Mandeln, grob gehackt

Zum Bepinseln:

1	Eigelb

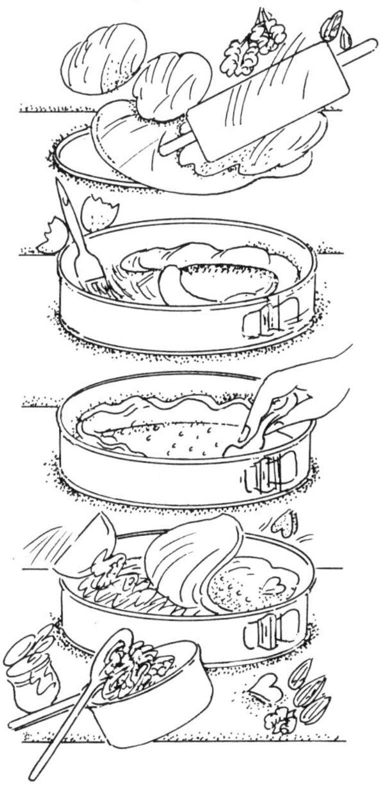

Für 1 Springform von 26 cm Durchmesser.

Zuckerrübensirup und Rahm in eine Saucenpfanne geben und einmal aufkochen. Kurz abkühlen lassen und den Honig zugeben. Baumnüsse und Mandeln unterrühren. Ganz abkühlen lassen. Backpapier auf Springformgrösse zuschneiden und auf den Formboden legen. Den Rand einfetten. Den Teig herstellen und in 3 Stücke teilen. Das erste Stück auf Springformgrösse ausrollen und auf das Backpapier legen. Erst jetzt die Springform zusammensetzen. Aus dem zweiten Teigstück eine lange Rolle formen. Den Bodenrand mit verdünntem Eigelb bepinseln und die Rolle darauflegen. Gut andrücken und einen dicken Rand hochziehen. Die Füllung in die Form verteilen. Den Rand mit Eigelb bepinseln. Den restlichen Teig zu einem Deckel ausrollen, auflegen und mit Eigelb bestreichen. Mit einer Gabel den Rand gut andrücken und kleine Löcher in den Deckel stechen. Auf der untersten Schiene bei 180 Grad 30 Minuten backen. Die Torte erst nach dem vollständigen Erkalten aufschneiden.

Tip:
Die Engadiner Nusstorte kann bis zu 2 Wochen aufbewahrt werden und eignet sich gut zum Verschenken.

Französische Apfelwähe

Bild S. 63

450 g **Knuspermürbteig, Rezept Seite 66**
50 g **Haselnüsse oder Mandeln, frisch gemahlen**
ca. 500 g Äpfel
2–3 EL Vollrohrzucker

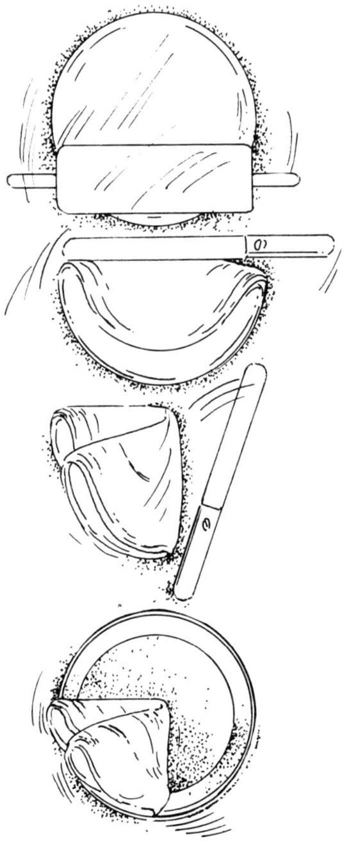

Für 1 Wähe von 30 cm Durchmesser.

Eine einfache Wähe ohne Guss. Die Stücke können mit halbsteif geschlagenem Rahm als Dessert genossen werden.

Den Teig herstellen, ausrollen und eine eingefettete Kuchenform damit ausschlagen. Einen niederen Rand formen. Mit Gabel einstechen. Die Nüsse auf den Boden streuen. Die Äpfel waschen, wenn gewünscht schälen, entkernen und in hauchdünne Schnitze schneiden. Dachziegelartig dicht nebeneinander auf den Kuchenboden legen. Mit dem Vollrohrzucker bestreuen. Auf der untersten Schiene bei 200 Grad 20 Minuten backen.

Variante:
Die Äpfel durch andere saftige, kleingeschnittene Saisonfrüchte ersetzen.

Tip:
Diese Wähe eignet sich gut zum Aufbrauchen von Resten von Knuspermürbteig und Blätterteig. Einfach die Menge der Früchte der vorhandenen Teigmenge anpassen und eine entsprechend kleine Backform nehmen.

Johannisbeerkuchen

450 g Knuspermürbteig, Rezept Seite 66

600 g Johannisbeeren, frisch oder tiefgekühlt*

Baisermasse:

5 Eiweiss
150 g Birnendicksaft
100 g Haselnüsse, frisch gerieben
50 g Vollkorngriess

Für 1 Springform oder Wähenform mit herausnehmbarem Boden von etwa 30 cm Durchmesser.

Ein leichter Sommergenuss. Geeignet zum Aufbrauchen von Eiweiss.

Den Mürbteig ausrollen, die gebutterte Backform damit auslegen und einen Rand hochziehen. Eiweiss und Birnendicksaft mit dem Schneebesen oder, noch besser, mit dem Handrührgerät steif schlagen. Die Masse sollte das 3- bis 4fache Volumen erreichen. Johannisbeeren, Haselnüsse und Griess zum Eiweiss geben und mit der Gummispachtel unterheben. Die Eiweissmasse auf den Teig geben und glattstreichen. Im vorgeheizten Backofen bei 180 Grad 30 bis 40 Minuten backen.

* Tiefgekühlte Beeren in gefrorenem Zustand zur Masse geben und gleich backen, damit sie weniger Wasser ziehen.

Rhabarberkuchen und andere Möglichkeiten

Dieses Rezept eignet sich für alle säuerlichen Beeren und Früchte, also für kleingeschnittene Rhabarber, Sauerkirschen, Himbeeren und Aprikosen.

Tip:
Wer gerade keinen Griess im Hause hat, kann ihn mit 50 g Brösel (Seite 54) oder Vollkornpaniermehl ersetzen.

Birnen-Quarktorte

Bild S. 71

Für eine Springform von 24 cm Durchmesser.

- 450 g Knuspermürbteig, Rezept Seite 66
- 400 g frische Birnen, in Schnitzen
- 75 g Honig
- 300 g Vollmilchquark
- 2 Eier
- 1 TL abgeriebene Zitronenschale
- 100 ml Rahm
- 1 EL Rosinen

Den Teig auf 30 cm Durchmesser ausrollen und die ausgebutterte Springform damit auslegen, so dass ein Rand von 3 cm Höhe entsteht. Die Birnenschnitze darauf verteilen. Honig, Quark, Eier, Zitronenschale und Rahm in einer Schüssel glattrühren und über die Birnen giessen. Mit den Rosinen bestreuen und im vorgeheizten Backofen bei 180 Grad auf der mittleren Schiene etwa 35 Minuten backen.

Varianten:
Die Birnen können durch Aprikosen, Pfirsiche, Nektarinen, Äpfel, Trauben oder verschiedene Beerenarten ersetzt werden.

Tofukuchen Varuschka

Ergibt einen Kuchen von 22 cm Durchmesser.

- 300 g Knuspermürbteig, Rezept Seite 66
- 100 g Sultaninen (weisse Weinbeeren)
- 3 EL Rum
- 1 Ei
- 100 ml Sauermilch oder Milch
- 4 EL Vollrohrzucker
- 400 g Tofu (möglichst weiche Sorte)
- 60 Baumnüsse (Walnüsse), grob gehackt

Hier ersetzt der Tofu den Quark.

Die Sultaninen im Rum einweichen. Den Kuchenteig herstellen und eine eingefettete Kuchenform damit ausschlagen. Ei, Sauermilch, Vollrohrzucker und den in Stücke gebrochenen Tofu in den Mixer oder in einen für den Stabmixer passenden Becher geben. Cremig pürieren. Sultaninen mit Rum und die Nüsse beifügen und den Kuchenboden damit füllen. Bei 200 Grad auf der untersten Rille des Backofens 30 Minuten backen. Erkalten lassen und geniessen.

Fast vollkommen

Ein Vollkornblätterteig

Dass wir zuviel Fett essen, ist ein offensichtlich schwerwiegender Ernährungsfehler. Dabei sind es weniger die Butter, die wir aufs Brot streichen, und das Öl, mit dem wir den Salat anmachen, als die vielen Nahrungsmittel, mit denen wir uns versteckte Fette einverleiben, ohne es zu merken.

Zu diesen versteckten Fetten gehört das überall und in unzähligen Abwandlungen beliebte Blätterteiggebäck. Vom gesundheitlichen Standpunkt aus ist daran nicht nur die Fettmenge zu beanstanden – konventioneller Blätterteig enthält etwa gleich viel Fett wie Mehl –, sondern auch die Fettqualität. Eine speziell gehärtete, aber der Gesundheit wenig zuträgliche Blätterteigmargarine mit einem hohen Schmelzpunkt garantiert das perfekte Backresultat, welches die Konsumenten heute von Backwaren und gekauftem Blätterteig erwarten.

Also gehört Blätterteig nicht in unsere Küche, sagten wir uns und gingen ihm lange aus dem Weg. Doch unser Ehrgeiz, diesen Volksliebling in einen Vollwertteig zu verwandeln, war stärker. Mit einem Teig, der noch halb soviel Fett wie Mehl enthält, übten wir das Auswallen und Tourieren, bis unsere Kreationen zwar nicht so feinblättrig, aber doch luftig und mindestens so schmackhaft wie die gekauften aus dem Ofen kamen. Das Ergebnis unseres Pröbelns geben wir hier mit vielen Handgriffen, Tips und Kniffs ausgestattet weiter, in der Hoffnung, dass Sie, liebe Leserinnen und Leser, nicht die gleichen Umwege zum vollkommenen Vollkornblätterteig machen müssen wie wir.

Blätterteig (Grundrezept)

400 g	feines Weizenmehl, frisch gemahlen
250 ml	Wasser
1 TL	Meersalz
250 g	Butter (am besten am Stück)

Zum Ausrollen und Tourieren:

ca. 100 g feines Weizenmehl, frisch gemahlen

Für 850 g Teig.

400 g Mehl, Wasser und Salz zu einem weichen Grundteig verarbeiten. In Plastikfolie eingepackt 15 Minuten ruhen lassen. Dann aus der Hülle nehmen und etwa ½ cm dick zu einem grossen Rechteck ausrollen. Reichlich Mehl nehmen. Das restliche Mehl sollte am Schluss aufgebraucht sein. Die Butter in grosse Scheiben schneiden, die nebeneinandergelegt die Hälfte des ausgerollten Teigs bedecken. Auf die linke Teighälfte legen (1). Die Ränder befeuchten und die rechte Hälfte darüberschlagen (2). Butter und Teig müssen die gleiche Temperatur haben. Wenn nötig, kurze Zeit liegen lassen. Eine einfache Tour geben und mindestens ½ Stunde kühl stellen. In Abständen von mindestens 30 Minuten noch 1 einfache Tour und 2 Doppeltouren geben. (Zeichnungen 3 und 4 = eine einfache Tour, Zeichnungen 5 und 6 = eine Doppeltour.) Zwischen den Touren und bis zur Verwendung gut zugedeckt kühl stellen, dann eine Vierteldrehung geben (7) und wieder ausrollen.

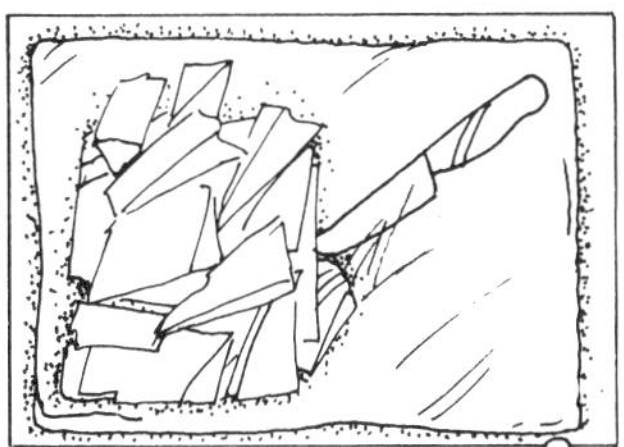
1

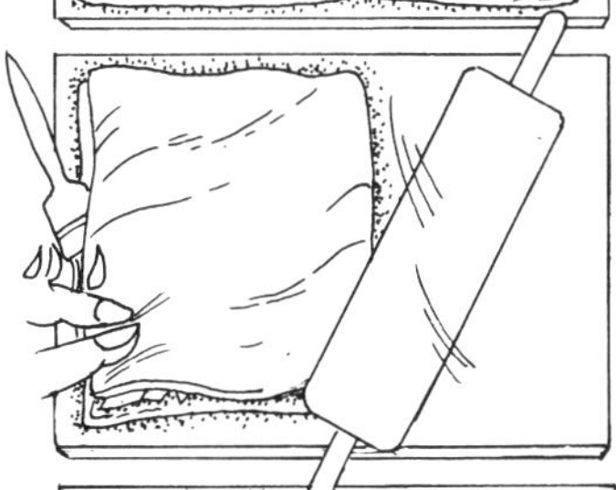
2

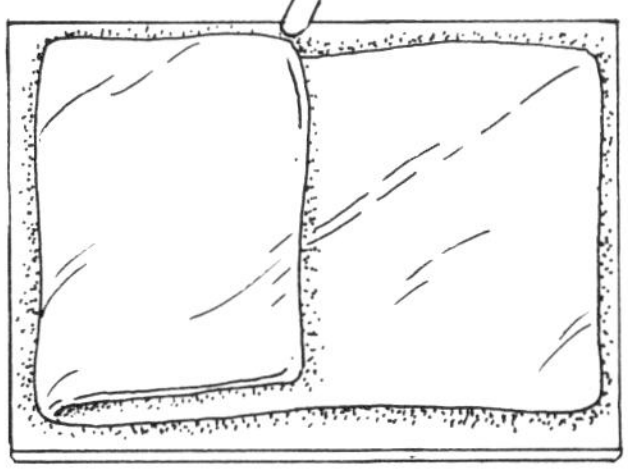
3

Anmerkungen und Tips:

- Machen Sie gleich die doppelte Menge Teig. Es ist nicht schwieriger und keine Mehrarbeit, und Sie haben für die nächsten paar Wochen oder gar Monate immer Blätterteig im Tiefkühlfach verfügbar. Was vom fertigen Teig nicht sofort gebraucht wird, schneiden Sie in verschieden grosse Portionen (250 g, 300 g, 400 g usw.), wickeln diese in Tücher ein und lassen sie im Tiefkühlfach gefrieren. (So kann sich kein

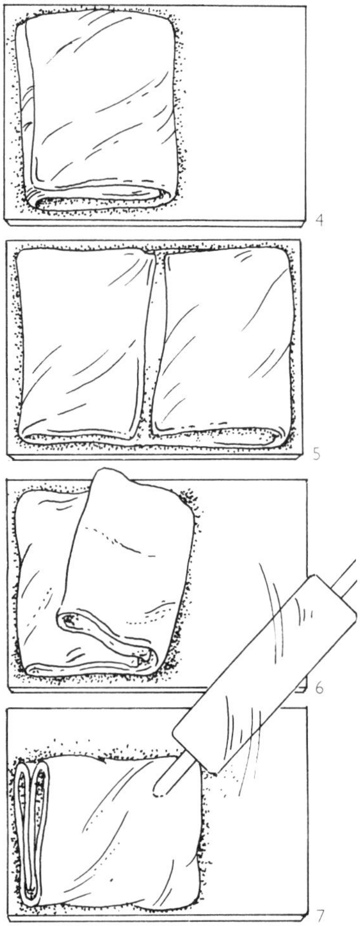

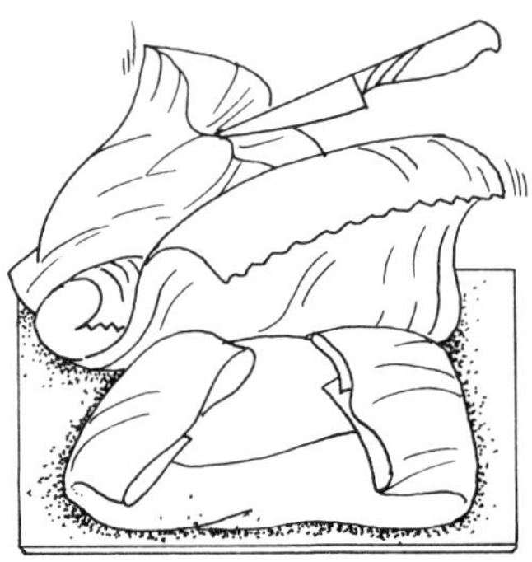

Kondenswasser bilden.) Wenn sie gefroren sind, packen Sie sie satt in Plastikfolie ein und schreiben das Gewicht auf die Päckchen. Sie können bis zu 6 Monaten tiefgekühlt werden. Gebäck aus solchem Blätterteig sollte aber nicht mehr eingefroren werden. Zum Auftauen die Teigstücke aus der Folie nehmen und wieder in ein Tuch einwickeln. Wenn möglich im Kühlschrank auftauen lassen, damit sie zum Ausrollen die richtige (kalte) Temperatur haben.

- Blätterteiggebäck ist kein «5-vor-12-Gericht» (es sei denn, man habe schon einen Vorrat im Tiefkühler und diesen rechtzeitig zum Auftauen herausgenommen). Die Blätterteigherstellung braucht Zeit, aber das hat auch seine Vorteile. Sie können zwischendurch mal schnell den sehr einfachen Grundteig machen und ihm eine erste Tour geben. Den Zeitpunkt der folgenden Touren können Sie selber bestimmen. Das kann nach einer halben Stunde, einem halben Tag oder gar erst am nächsten Morgen sein, wenn Sie sowieso wieder in der Küche zu tun haben. Sie müssen einfach immer mindestens eine halbe Stunde zwischen den Touren warten. Es bekommt dem Teig aber gut, wenn er einmal ein paar Stunden oder über Nacht fest werden kann.

- Damit der Blätterteig nicht austrocknet, muss er während der Tourierzeit immer satt in Plastik eingewickelt werden. Dies muss nicht unbedingt neue Folie ab der Rolle sein. Man kann auch einen gebrauchten und gewaschenen Plastiksack aufschneiden und verwenden.

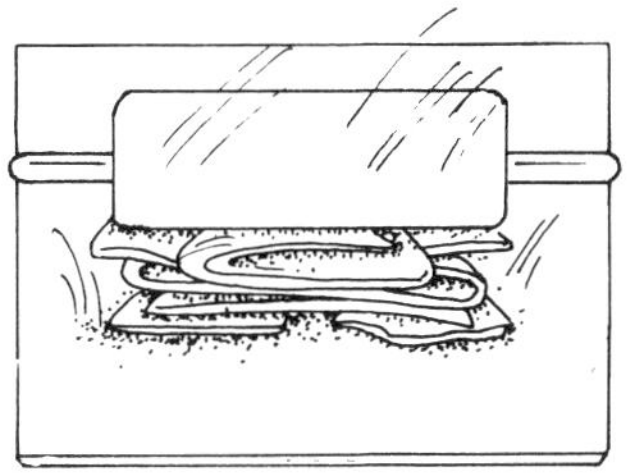

- Die Teigreste, die sich beim Ausstechen oder Ausschneiden ergeben, sollten nicht einfach zusammengeknetet, sondern flach neben- oder aufeinandergeschichtet und so ausgerollt werden, dass die Butterschichten möglichst intakt bleiben. Diese Teigreste können Sie für Aperitifgebäck, Pizza- oder Wähenboden benützen.

- Normaler Blätterteig wird nicht auf eingefetteten, sondern kalt ausgespülten Formen gebacken. Dies funktioniert für den Vollkornblätterteig nicht, da er weniger Fett enthält. Am besten bäckt man ihn auf Backpapier.

- Die Blätterteigherstellung ist auch für Profis nicht einfach. Die minimale Buttermenge und das selbstgemahlene Vollkornmehl in unserm Rezept machen die Sache nicht gerade leichter. Wenn Sie aber die Anleitung genau befolgen, wird Ihr Gebäck mit jedem Anlauf feiner und leichter.

Tofugipfel mit Käutern (Tofuhörnchen)

350 g Blätterteig, Rezept Seite 75

Füllung:

150 g Tofu
50 g Frischkäse
½ TL Senf
1 Bund frische Kräuter, fein gehackt
½ Zwiebel, fein gehackt
1 EL Sojasauce
Salz und Pfeffer, nach Geschmack

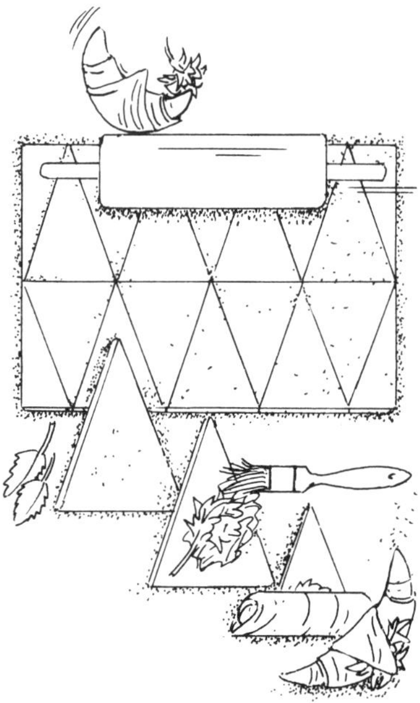

Ergibt 12 Gipfel.

Diese würzige, leichte Füllung lässt uns den Schinken, der normalerweise in solchen Hörnchen eingewickelt ist, vergessen. Tofugipfel können zum Apéro gereicht werden oder ergeben zusammen mit einem Saisonsalat eine leichte Mahlzeit. Sie schmecken ofenwarm am besten.

Den Tofu von Hand zerkrümeln und mit den übrigen Zutaten für die Füllung gut vermischen. Den Teig auf einer gut bemehlten Arbeitsfläche 3 mm dick ausrollen und in 12 Dreiecke schneiden. Die Füllung auf die breite Seite der Dreiecke verteilen und die Spitzen mit Eigelb bepinseln. Die Dreiecke von der breiten Seite her zu Gipfeln einrollen und die Enden schliessen. Auf ein mit Backpapier belegtes Backblech legen und mit Eigelb bepinseln.
Bei 220 Grad 15 Minuten backen.

Gemüsekrapfen

600–700 g Blätterteig, Rezept Seite 75

Füllung:

1 EL	Öl
100 g	Zwiebeln, fein gehackt
150 g	Sellerie, in Julienne-Stäbchen
150 g	Lauch, in Streifen geschnitten
150 g	Champignons, in Blättchen geschnitten
2 EL	Sojasauce
1 TL	Gemüseextrakt oder Hefebrühe
½ TL	Sambal Oelek
1 Pr.	Cayennepfeffer
wenig Salz	
250 g	Sojasprossen

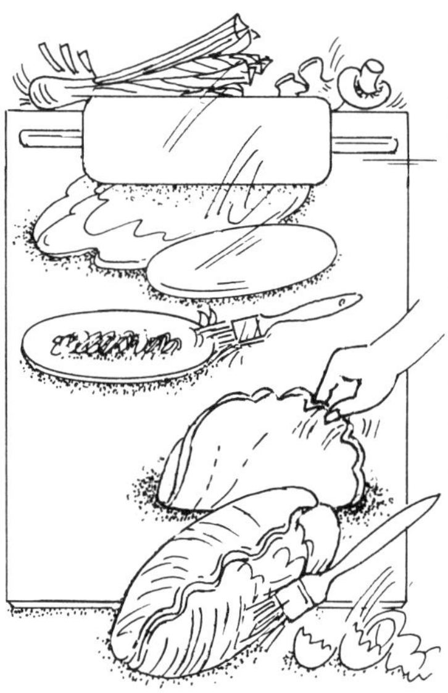

Ergibt etwa 16 Krapfen.

Sie erinnern an die chinesischen Frühlingsrollen. Eine feine Vorspeise oder zusammen mit Suppe oder Salat eine leichte Mahlzeit. Dazu schmeckt Chilisauce. Ergibt etwa 16 Krapfen.

Die Zwiebeln in einer Bratpfanne im Öl glasig dämpfen. Sellerie, Lauch und Champignons beigeben und kurz anziehen lassen. Vom Feuer nehmen, würzen und die Sojasprossen daruntermischen. Den Teig mit viel Mehl etwa 3 mm dick ausrollen und Rondellen von 12 cm Durchmesser ausstechen. Die Füllung in die Mitte der Rondellen verteilen. Die Teigränder mit Wasser befeuchten und oben in der Mitte gut zusammendrücken, so dass ein Kamm entsteht. Mit Eigelb bestreichen. Auf Backpapier bei 200 Grad 20 Minuten backen.

Gemüsestrudel

400 g Vollkornblätterteig nehmen. Zu einem grossen Rechteck ausrollen, aufs Wallholz (Nudelholz) aufrollen und auf ein eingefettetes Kuchenblech abrollen. Die Gemüsefüllung über das mittlere Teigdrittel verteilen. Die Enden einschlagen und die Längsseiten über das Gemüse legen. Die Oberfläche mit Eigelb bestreichen und mit einer Gabel einstechen. Auf Backpapier bei 200 Grad 30 Minuten backen.

Französische Apfelwähe mit Blätterteig

300–400 g Blätterteig, Rezept Seite 75

Für 1 Wähe von etwa 30 cm Durchmesser.

Die Füllung und die Arbeitsweise sind genau gleich wie bei der französischen Apfelwähe, Seite 68.

Mandelgipfel

500 g Blätterteig, Rezept Seite 75
1 Portion Mandelmasse gemäss untenstehendem Rezept

Zum Bestreichen:
1 Eigelb

Ergibt 14 Stück

Den Teig mit viel Mehl zu einem Rechteck von 20×40 cm ausrollen. In 2 lange Streifen schneiden und diese 8mal diagonal durchschneiden, so dass 14 Dreiecke entstehen. Die Mandelmasse in die Mitte der Dreiecke verteilen, die Seiten mit verdünntem Eigelb bestreichen und von der breiten Seite her einrollen (siehe Zeichnung Seite 78). Eine Beugung geben und auf ein Backblech legen. Mit verdünntem Eigelb bepinseln und bei 200 Grad 15 Minuten backen.

Mandelmasse (Grundrezept)

100 g ganze Mandeln
50 g Honig
ein paar Tropfen Bittermandelextrakt
ca. 50 ml Fruchtsaft, Milch oder Rahm

Die Mandeln so fein wie möglich mahlen, am besten im Cutter. Honig und Bittermandelextrakt dazumischen. Nach und nach die Flüssigkeit einrühren, bis eine streichfähige Masse entsteht.

Honig-Rahmschnitten

1 kg	**Blätterteig, Rezept Seite 75**
2	**Portionen Füllcreme, gemäss Rezept Seite 84**
3 EL	**Himbeerkonfitüre**

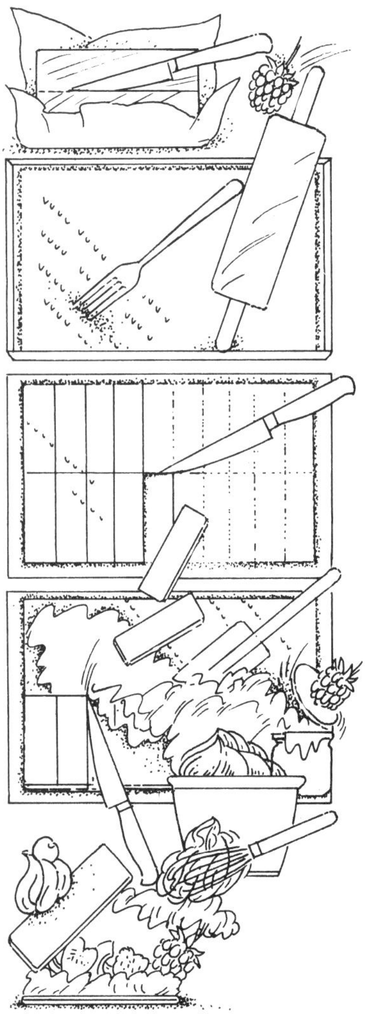

Ergibt 20 Stück.

Ob es sinnvoll ist, eine «Vollwert-Cremeschnitte» zu entwickeln, haben wir oft und lange diskutiert. Sicher gibt es aber gerade im «gesundheitsbewussten» Haushalt hie und da einen Anlass, um sie anzubieten. Da unsere vielen Versuche mit alternativen Bindemitteln nicht die erwartete Begeisterung brachten, haben wir schliesslich wieder zur Gelatine gegriffen. Der Zweck heiligt die Mittel: unsere Honig-Rahmschnitten sind ein Hit!

Die Füllcreme zubereiten, aber den Rahm noch nicht unterziehen. Den Blätterteig halbieren und auf einer gut bemehlten Fläche mit gleichmässigem Druck auf Blechgrösse ausrollen. Den Teig aufs Blech legen (Backpapier nicht vergessen) und mit der Gabel sehr viele Löcher stechen. Bei 200 Grad 15 bis 20 Minuten backen. Mit der zweiten Teighälfte gleich verfahren. Nach dem Backen das schönere Teigblatt genau ausmessen und in 20 gleich grosse Rechtecke schneiden. Das andere Teigblatt auf ein grosses Schneidebrett legen und mit einer dünnen Schicht Konfitüre bestreichen. Den Rahm für die Füllcreme schlagen und unterziehen. Sofort gleichmässig über die Konfitüre verteilen. Die geschnittenen Blätterteigdeckel so auf die Creme legen, dass Boden und Deckel übereinstimmen. Mindestens 15 Minuten fest werden lassen. Zum Durchschneiden ein grosses scharfes Messer in heisses Wasser tauchen und die Schnitten vollständig trennen.

Sehr feine Variante mit Früchten:
Zuerst nur die Hälfte der Füllcreme verstreichen, mit etwa 100 g kleingeschnittenen Früchten oder Beeren belegen und die restliche Creme darüber verteilen. Wie oben weiterarbeiten und evtl. die Schnitten noch mit Früchten garnieren.

Füllcreme (Grundrezept)

2 Blatt	Gelatine
3 EL	Honig
2	Eigelb
50 g	Speisestärke
300 ml	Milch
1 TL	Vanillezucker oder 1 Vanilleschote
100 ml	Rahm

Eine feine, sehr «standfeste» Creme, die ungebacken verwendet wird.

Die Gelatineblätter in viel kaltes Wasser legen. In einer Schüssel Honig, Eigelb und Speisestärke kräftig schaumig rühren. Die Milch in eine Saucenpfanne geben. Die Vanilleschote der Länge nach aufschlitzen, auskratzen und Samen und Schote in die Milch geben. Zum Kochen bringen und die kochende Milch unter Rühren zur Eiermasse giessen. Creme zurück in die Pfanne geben und unter ständigem Rühren aufkochen, bis sie eindickt. Vom Feuer nehmen. Die Gelatine aus dem Wasser nehmen und in die Creme rühren. Die Pfanne zudecken, damit sich während des Erkaltens keine Haut bildet. Wenn die Creme auf Raumtemperatur abgekühlt ist, die Vanilleschote entfernen. Kurz durchrühren. Den Rahm steif schlagen und unterheben. Die Creme sollte jetzt sofort weiterverwendet werden, da sie schnell steif wird.

Äpfel im Schlafrock

Bild S. 73

500 g	Blätterteig, Rezept Seite 75
4	grosse Äpfel, halbiert, oder 8 kleine Äpfel, ganz
50 g	Mandeln, frisch gemahlen, ganz fein
25 g	Honig
2	Tropfen Bittermandelextrakt
ca. 2 EL	Apfelsaft oder Rahm
20 g	Rosinen
¼ TL	Zimt

Zum Bestreichen:

1	Eigelb

Ergibt 8 Stück.

Die Äpfel waschen und mit dem Apfelausstecher das Kernhaus entfernen. Mandeln, Honig, Bittermandelextrakt und Apfelsaft zu einer streichfähigen Masse verrühren, wenn möglich im Cutter. Rosinen und Zimt dazumischen. Mit dieser Masse die Äpfel füllen. Den Blätterteig auf einer gut bemehlten Fläche 24 × 52 cm ausrollen. Daraus 8 Quadrate von 12 × 12 cm schneiden. Es bleibt ein Streifen von 4 cm Breite übrig, den wir am Schluss benötigen. Die 8 gefüllten Äpfel in die Mitte der Quadrate stellen. Die 4 Ecken satt nach oben klappen und leicht andrücken. Aus dem restlichen Teig runde oder viereckige Deckelchen ausstechen und auf die Äpfel legen. Mit verdünntem Eigelb bestreichen und auf Backpapier bei 190 Grad 15 Minuten backen. Bei festeren Apfelsorten die Backzeit um 5 Minuten erhöhen.

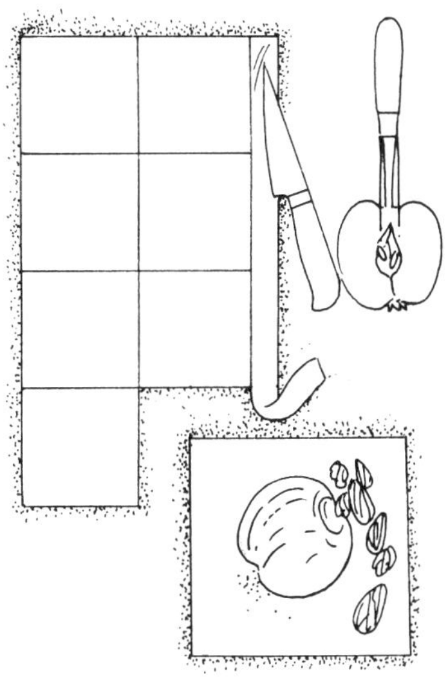

Abgebrüht und aufgeblasen

Brandteiggebäck

Es gibt klassische Rezepte, die sich kaum in Vollwertgerichte verwandeln lassen. Sind einmal alle ungesunden Zutaten verringert oder durch natürlichere ersetzt, so ist das Ergebnis so weit vom Original entfernt, dass es kaum noch dessen Namen tragen darf.

Nicht so der Brand- oder Brühteig. Er fügt sich nahtlos in die Vollwertküche ein, als sei er eigens für sie erfunden worden. Lediglich das Weissmehl wird durch frischgemahlenes Vollkornmehl ersetzt, und natürlich nehmen wir nicht einfach Eier, sondern Freilandeier. Doch diese Abweichungen tragen höchstens zur Schmackhaftigkeit, nicht aber zu einer wesentlichen Veränderung des ursprünglichen Gebäcks bei.

Ein gesundheitliches Plus des Brandteigs besteht darin, dass er ohne Backpulver zubereitet wird. Das lässt ihn für viele Köchinnen und Köche als besonders schwierig erscheinen. Wer aber das nachfolgende Grundrezept genau befolgt, wird feststellen, dass Brandteig verblüffend einfach und, einmal gefüllt, einfach verblüffend ist.

Brandteig (Grundrezept)

2,5 dl	Milch
2 Pr.	Meersalz
40 g	Butter
130 g	Weizenmehl, frisch gemahlen
3	Eier

Dies ist der Grundteig für Ofenküchlein, Windbeutel, Eclairs und St.-Honoré-Torte.

Milch, Salz und Butter zum Kochen bringen. Das Mehl «im Sturz», d. h. alles auf einmal, beigeben und mit einem Holzlöffel rühren, bis sich der Teig von der Pfanne löst. Vom Feuer nehmen und die Eier einzeln, eins nach dem andern, darunterrühren. Den Teig 15 Minuten zugedeckt fest werden lassen. Das Formen und Backen ist in den jeweiligen Rezepten angegeben.

Tip:
Brandteig kann auch mit frischgemahlenem Dinkelmehl gemacht werden. Er hat dann eine schöne, goldbraune Farbe und ist etwas feiner in der Beschaffenheit. Allerdings darf der Teig nicht zu gross geformt werden, da er weniger gut aufgeht.

Eclairs (Liebesknochen)

Bild S. 91

½	Portion Vanille- oder Caramelbackcreme, gemäss Rezept Seite 55
1	Brandteig, Rezept obenstehend
100 ml	Rahm

Ergibt etwa 20 Stück.

Zuerst die Creme herstellen und abkühlen lassen. Inzwischen den Brandteig herstellen und in einen Dressiersack mit grosser Sterntülle füllen. Auf ein mit Backpapier belegtes Blech 8 cm lange Streifen spritzen. Bei 190 Grad 15 bis 20 Minuten backen. Die Eclairs abkühlen lassen und horizontal durchschneiden. Den Rahm steif schlagen, unter die Creme heben und in einen Dressiersack füllen. Die Eclairsböden auf ein Gitter legen und die Creme gleichmässig aufspritzen. Die Deckel daraufsetzen und die Eclairs frisch essen.

Ofenküchlein

1 Brandteig, Rezept Seite 89

300 ml Rahm
1 TL Vanillezucker

Ergibt 20 grosse oder 30 kleine Küchlein.

Den Brandteig herstellen und mit dem Dressiersack (glatte Tülle) oder mit zwei Löffeln Häufchen auf ein mit Backpapier belegtes Blech setzen. Bei 200 Grad 15 Minuten backen. Den Rahm mit dem Vanillezucker steif schlagen. Die Küchlein aufschneiden und mit Rahm füllen oder Küchlein und Rahm separat servieren. Dazu passen frische Früchte.

Windbeutel mit Kräuterquark-Füllung

Bild S. 87

1 Brandteig, Rezept Seite 89

Füllung:
½ TL Senf
½ EL Zitronensaft oder Essig
½ Knoblauchzehe, durchgepresst
Pfeffer und Salz
50 g Frischkäse
½ Tasse sehr fein gewiegte, frische Kräuter
350 g Vollmilchquark

Ergibt 16 bis 20 Stück.

Eine elegante Vorspeise für 8 bis 16 Personen oder ein Hauptgericht nach Suppe oder Salat für etwa 5 Personen.

Den Brandteig herstellen und in einen Dressiersack mit grosser Sterntülle füllen. In einer Spiralbewegung runde Häufchen auf ein mit Backpapier belegtes Blech spritzen. Genügend Abstand lassen, da sie im Ofen stark aufgehen. Bei 220 Grad 15 bis 20 Minuten backen. Den Ofen während der Backzeit auf keinen Fall öffnen. Inzwischen für die Füllung Senf, Zitronensaft, Knoblauch, Pfeffer und Salz verrühren. Die übrigen Zutaten dazumischen. Die Windbeutel horizontal halbieren. Die Füllung mit dem Spritzsack (grosse Tülle) oder mit einem Löffel auf die Böden der Windbeutel verteilen. Deckel auflegen und frisch servieren.

Torte St. Honoré

250 g	Knuspermürbteig, Rezept Seite 66, oder Blätterteig, Rezept Seite 75
1	Brandteig, Rezept Seite 89
2 EL	Johannisbeergelee
1	Füllcreme, gemäss Rezept Seite 84
200 g	Früchte oder Beeren nach Saison

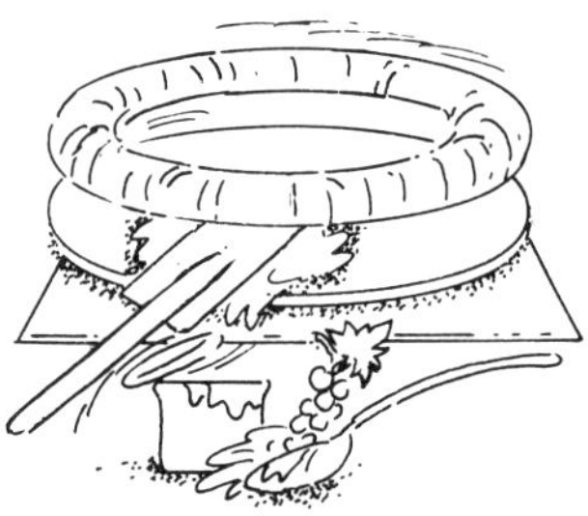

Für 1 Torte von 26 cm Durchmesser.

Mit dem Knuspermürb- oder Blätterteig einen Boden von 26 cm ausrollen und bei 200 Grad 10 Minuten backen. Beiseite stellen. Den fertigen Brandteig in einen Dressiersack füllen und auf ein papierbelegtes Blech in einen Ring von 26 cm Durchmesser aufspritzen. Wer will, kann vorher mit einem ungiftigen Farbstift einen Kreis vorzeichnen. Mit einer grossen Sterntülle 1 Ring oder einer kleineren 2 Ringe übereinander spritzen. Bei 200 Grad etwa 30 Minuten backen. Während der ersten 20 Minuten den Ofen nicht öffnen, da der Ring sonst zusammenfällt. Inzwischen mit der restlichen Masse 10 bis 12 kleine Tupfer auf ein anderes Blech spritzen. 15 Minuten backen. Den Kuchenboden mit dem Gelee bestreichen und den abgekühlten Brandteigring darauflegen. In die Mitte die Füllcreme geben und etwas glattstreichen. Nach etwa ½ Stunden wenn die Creme fest ist, die geschnittenen Früchte dekorativ darauflegen. Die Brandteigtupfer mit steifgeschlagenem Rahm füllen und auf dem Ring mit Rahm befestigen.

Cakes und Kuchen

Cakes heissen in England die Kuchen. In der Schweiz werden aber nur jene so genannt, die in einer Kastenform gebacken wurden. Wenn der Schweizer von einem «Keks» spricht, dann meint er etwas anderes als der Deutsche. Was dieser unter einem Keks versteht, wäre für jenen ein «Guetzli». Aber das gehört schon in ein anderes Kapitel.

Die meisten Cake- und Kuchenrezepte sind «gerührte Teige». Die Butter wird mit dem Schneebesen schaumig gerührt, bis sie leicht und sämig aussieht. Dann werden Süssmittel und Eier nach und nach dazugegeben. Damit diese Masse nicht «bricht» oder «scheidet», sollte man die Schüssel zum Rühren ins warme Wasserbad stellen oder mit dem Handrührgerät arbeiten. Das Mehl und die andern trockenen Zutaten werden in einer separaten Schüssel gemischt. Vor allem das Backpulver sollte gut mit dem Mehl vermengt sein, da es im Kontakt mit Flüssigkeit sofort zu reagieren beginnt und der Kuchen dann im Ofen nicht mehr aufgeht. Deshalb muss man sich bei gerührten Kuchen gut organisieren, und zwar so: Backform einfetten, Ofen vorheizen, trockene Zutaten in einer Schüssel mischen, flüssige Zutaten in einer zweiten Schüssel schaumig rühren, sorgfältig mischen und nur soviel wie nötig rühren, sofort in die Backform füllen und in den Ofen schieben. Manchmal wird das Eiweiss noch separat steif geschlagen. Es wird dann abwechslungsweise mit dem Mehl unter die Buttermasse gezogen.

Hirsekuchen

250 ml Milch
200 g Hirsekörner
2 EL Leinsamen
80 g Butter
150 g Birnendicksaft
2 Eier
150 g frischgemahlenes Weizenmehl
1 Pr. Meersalz
2 TL Backpulver
abgeriebene Schale von 1 Zitrone
80 g Rosinen
1 TL Vanillezucker

Für 1 viereckige Form von 20 × 30 cm oder 1 Springform von etwa 26 cm Durchmesser.

Man könnte ihn auch Gesundheitskuchen nennen, denn er ist wesentlich gesünder als das, was wir gewöhnlich unter der Bezeichnung Kuchen geniessen. Die Hirsekörner machen das Gebäck mineralstoffreich, der Leinsamen verdauungsfördernd, die Buttermenge ist um mehr als die Hälfte reduziert, und auch der Süssmittelanteil ist bescheiden.

Milch, Hirse und Leinsamen wenn möglich ein paar Stunden einweichen. Die Butter schaumig rühren. Birnendicksaft und Eier dazurühren. Mehl, Salz und Backpulver mischen und alle Zutaten zu einem Teig verrühren. In die eingefettete Form füllen. Bei 180 Grad etwa 45 Minuten backen.

Wichtig:
Wenn die Springform nicht ganz dicht ist, sollte man sie mit Backpapier ausschlagen, da der Teig am Anfang sehr flüssig ist.

Kirschen-Hirsekuchen

Während der Kirschensaison können anstelle der Rosinen 300 g entsteinte Kirschen unter den fertigen Teig gemischt werden. Andere Sommervarianten entstehen mit kleingeschnittenen Pfirsichen oder Birnen.

Aargauer Rüeblitorte (Karottentorte)

200 g Vollrohrzucker
3 Eigelb
3 EL Milch
1 Pr. Meersalz
½ Zitrone, Saft und Schale
je 1 Msp. Zimt und Nelken
250 g Karotten, sehr fein geraffelt
250 g Haselnüsse, sehr fein gerieben
100 g Weizenmehl, frisch gemahlen
1 TL Backpulver
3 Eiweiss, steif geschlagen

Diese Torte schmeckt am besten, wenn sie 1 bis 2 Tage alt ist.

Vollrohrzucker, Eigelb, Milch und Salz schaumig rühren. Zitrone, Gewürze, Karotten und Haselnüsse dazumischen. Mehl und Backpulver vermischen und ebenfalls zum Teig geben. Zuletzt den Eierschnee darunterziehen und in eine eingefettete Kuchenform füllen. Bei 180 Grad während 50 Minuten backen.

Banana-Nut Bread (Bananen-Nuss-Brot)

Bild S. 95

2–3 reife Bananen
2 EL Öl
100 g Vollrohrzucker
3 EL Milch
2 Eier
½ TL Natron
250 g Weizenmehl
¼ TL Meersalz
100 g Nüsse nach Wahl, grob gehackt

Zum Belegen:
1–2 Bananen
etwas Zitronensaft

Ergibt 1 Kuchen von 24 cm Durchmesser.

Eher ein Kuchen als ein Brot ist diese amerikanische Spezialität. Sie ist schnell und einfach zubereitet und bei Kindern sehr beliebt.

Die Bananen mit der Gabel zu einem Mus zerdrücken. Öl, Vollrohrzucker, Milch und Eier beifügen und gut verrühren. Natron, Mehl, Salz und Nüsse mischen und unter die Bananenmasse heben. In eine eingefettete Springform von 24 cm Durchmesser füllen. Mit 1 bis 2 halbierten oder geviertelten Bananen garnieren und mit Zitronensaft beträufeln.
Bei 200 Grad 35 Minuten backen.

Linzertorte

200 g	Butter, in kleine Stücke geschnitten
200 g	Vollrohrzucker
120 g	Nüsse (Haselnüsse, Mandeln, Baumnüsse nach Wahl), frisch gemahlen
100 g	Weizen- oder Dinkelmehl, frisch gemahlen
20 g	Buchweizenmehl
1 Pr.	Zimt
2 Pr.	Nelkenpulver
1 Pr.	Meersalz
1	kleines Glas säuerliche Konfitüre (Johannisbeeren, Himbeeren, Aprikosen) oder 100 g eingeweichte, gekochte und pürierte Dörraprikosen

Ergibt 1 Torte von 28 cm oder 2 Torten von 16 cm Durchmesser.

Alle Zutaten, ausser der Konfitüre, in eine Schüssel geben und einen Teig bilden. Nur so lange kneten, bis eine gleichmässige Masse entsteht. Ein paar Stunden oder über Nacht kühl stellen. Werden 2 Torten gemacht, Teig nun halbieren. Etwa ⅓ des Teiges für den Boden ausrollen und auf das (die) Blech(e) legen. Dick mit Konfitüre bestreichen, dabei ringsum einen 1 cm breiten Rand lassen. Etwa die Hälfte des restlichen Teiges zu einer Rolle formen und auf den mit Wasser bepinselten freien Teigbodenrand kleben. Restlichen Teig ausrollen und mit dem Teigrädchen Streifen schneiden, die man gitterartig auf die Konfitüre legt. Teigrand nach Wunsch mit einer Gabel verzieren. Gitter und Rand mit verdünntem Eigelb bepinseln. Je nach Grösse 30 bis 45 Minuten bei 200 Grad backen.

Blechkuchen für Sommerfrüchte

ca. 750 g Sommerfrüchte (Kirschen, Aprikosen, Pfirsiche, Birnen usw.)

Teig:

400 g	Weizen- oder Dinkelmehl, frisch gemahlen

Ergibt 1 Blech von Backofengrösse.

Einfach und ausgiebig und eine feine Abwechslung zu den Früchtewähen. Besonders geeignet fürs «Znüni» oder Picknick, da die Schnitten gut eingepackt werden können.

Die Früchte waschen und abtropfen lassen. Für den Teig Mehl, Haselnüsse, Backpulver und

50 g gemahlene Haselnüsse
2 TL Backpulver
2 TL Carob- oder Kakaopulver
200 g weiche Butter
50 ml Milch
150 g Birnendicksaft
4 Eier
1 TL Vanillezucker
1 Pr. Meersalz

Zum Bestreuen:
Vollrohrzucker, nach Belieben, je nach Süsse der Früchte

Carob vermischen. In einer zweiten Schüssel die übrigen Zutaten mit dem Schneebesen schaumig rühren. Mit den Mehlzutaten zu einem Teig vermengen. Diesen auf ein grosses eingefettetes Backblech verteilen und mit dem Teigschaber glattstreichen. Die Früchte darüber verteilen: Kirschen ganz, evtl. entsteint, Aprikosen und Pflaumen halbiert, Pfirsiche und Birnen in Schnitzen. Die Früchte etwas andrücken. Mit Vollrohrzucker bestreuen. Backen: bei 180 Grad 30 Minuten. Nach dem Abkühlen in Stücke schneiden und servieren.

Fettarme Variante:
Anstelle von 200 g Butter und 50 ml Milch können für den Teig 100 g Butter und 100 g Quark verwendet werden.

Luzerner Lebkuchen

Bild S. 103

Ergibt 3 Laibe.

25 g	Butter
300 g	Birnenhonig, wenn erhältlich, sonst Birnendicksaft
200 ml	Sauermilch oder Sauerrahm
1 EL	Kirsch oder Tresterschnaps
350 g	Dinkelmehl, frisch gemahlen
150 g	Weizenmehl, frisch gemahlen
2 EL	Lebkuchengewürz
2 TL	Natron
¼ TL	Meersalz

Ganz echt ist er mit dem schwarzen Birnenhonig, der früher in den Bauernküchen der Innerschweiz eingekocht wurde. Luzerner Lebkuchen wird mit Sauerrahm oder halbsteif geschlagenem Rahm als Dessert serviert.

Butter, Birnenhonig, Sauermilch und Kirsch schaumig rühren. Die übrigen Zutaten gut mischen und unter die Flüssigkeit heben. Drei runde Haufen auf ein mit Backpapier belegtes Blech löffeln. Nicht flachdrücken! Bei 180 Grad 30 bis 35 Minuten backen. Aus dem Ofen nehmen und sofort die heissen Laibe mit heissem Birnenhonig bepinseln.

Varianten: Dem Teig 2 Handvoll grobgehackte Baumnüsse und/oder etwas selbstgemachtes Orangeat und Zitronat beifügen.

Griechisches Zitronenbrot

75 g	Baumnuss- (Walnuss-)kerne
200 g	Weizenmehl, frisch gemahlen
100 g	Gerstenmehl, frisch gemahlen
2 TL	Backpulver
1 Pr.	Meersalz
125 ml	Birnendicksaft
100 ml	Maiskeimöl
125 ml	Süssmost
½	Zitrone, abgeriebene Schale
2	Zitronen, Saft

Ein aromatischer Begleiter zu einer Tasse Tee für alle, die Milchprodukte und Eier meiden müssen oder ihren Kuchen nicht so süss mögen.

Den Ofen auf 200 Grad einschalten. Die Nüsse auf einem Blech verteilt einige Minuten rösten. Grob hacken. In einer Schüssel Mehle, Backpulver, Salz und Nüsse mischen. Birnendicksaft, Öl, Süssmost und Zitronenschale und -saft schaumig rühren. Zu den trockenen Zutaten geben und sorgfältig zu einem Teig mischen. Sofort in eine eingefettete Kastenform füllen und bei 200 Grad 30 Minuten backen. Dieser Kuchen schmeckt am zweiten Tag am besten.

Cashewkuchen

100 g	Cashewnüsse
250 g	Weizenmehl
1 TL	Backpulver
¼ TL	Meersalz
100 g	weiche Butter
100 g	Vollrohrzucker
3	Eier, getrennt

abgeriebene Schale von ½ Zitrone

Ergibt 1 mittelgrossen Kuchen (Cake).

Ein Rezept der Informationsstelle für Drittweltläden.

Den Ofen auf 180 Grad einschalten. Die Cashewnüsse auf ein Blech verteilen und im Ofen ein paar Minuten anrösten. Mehl, Backpulver, Meersalz und Nüsse mischen. In einer Backschüssel die Butter schaumig rühren. Den Vollrohrzucker dazurühren. Ein Eigelb nach dem andern einrühren. Zitronenschale beigeben. Die Eiweiss steif schlagen. Mehl und Eiweiss mit der Teigspachtel sorgfältig unter die Eigelbmasse heben und in die eingefettete Kastenform füllen. Bei 180 Grad 45 Minuten backen.

Tip:
Damit der Kuchen in der Mitte schön aufspringt, kann man ihn nach 15 Minuten Backzeit mit einem scharfen Messer einritzen.

Tiroler Kuchen

75 g	Butter
100 g	Birnendicksaft
2	Eier
150 ml	Milch
75 g	Haselnüsse
125 g	Reformschokolade, grob gehackt
200 g	Weizenmehl
2 TL	Backpulver
1	Handvoll Haselnüsse, gehackt

Für 1 mittelgrosse Kastenform (Cakeform).

Butter, Birnendicksaft und Eier schaumig rühren und die Milch dazurühren. Die gemahlenen Haselnüsse, Schokolade, Mehl und Backpulver ebenfalls mischen und mit der Flüssigkeit zu einem Teig vermengen. In eine bebutterte Kastenform geben. Die grobgehackten Nüsse darüberstreuen und leicht andrücken. Bei 180 Grad 40 bis 45 Minuten backen.

Torta di Pane

200 g	altbackenes Vollkornbrot
½ l	Milch
1	Ei
75 g	Vollrohrzucker oder Honig
½	Zitrone, Saft und Schale
2 EL	Grappa
etwas	Bittermandelextrakt
1 EL	Kakao
50 g	gemahlene Mandeln
100 g	Sultaninen
50 g	Orangeat und Zitronat
Zum Bestreuen:	
1	Handvoll Pinienkerne
20 g	Butterflöckchen

Für 1 Kuchen von 20 cm Durchmesser.

Dieser feuchte, aromatische Kuchen eignet sich gut zum Verwerten von Altbrot.

Das Brot klein schneiden und mit der kochenden Milch übergiessen. Einige Stunden oder über Nacht einweichen, dann mit der Gabel zerdrücken. Ei, Vollrohrzucker, Zitrone, Grappa und Bittermandelextrakt zur Brotmasse geben und gut verrühren. Die übrigen Zutaten beifügen und gut mischen. In die eingefettete Springform füllen. Pinienkerne und Butterflöckchen über den Teig verteilen. Bei 180 Grad etwa 35 Minuten backen.

Ukrainischer Mohnkuchen

120 g	Mohnsamen, ganz oder gemahlen
250 ml	Milch
200 g	Butter
200 g	Vollrohrzucker
3	Eier
1 TL	Zitronenschale
300 g	Vollkornmehl
2 TL	Backpulver
½ TL	Meersalz
½ TL	Vanillezucker

Für 1 Kuchen von 24 cm Durchmesser.

Den Mohn und die Milch zusammen erwärmen. Nicht zum Kochen bringen. Wieder erkalten lassen. Butter und Vollrohrzucker schaumig rühren. Ein Ei nach dem andern dazugeben und jedesmal gut rühren. Zitronenschale beifügen. Mehl, Backpulver, Salz und Vanille mischen. Mohnmilch und Mehlmischung abwechslungsweise unter die Buttermasse heben und in eine eingefettete Springform füllen. Bei 200 Grad 50 bis 55 Minuten backen.

Vollkorn in der Starrolle

Rouladen und Torten

Das Biskuit wird oft zu Recht das «Feinste vom Feinen» genannt. Mit seiner leichten und luftigen Beschaffenheit findet es auch in seiner vollwertigen Rolle viele Anhänger.

Soll aber die Roulade oder die Torte gelingen, so muss man dem Aufschlagen der Eier etwas Zeit widmen. Besonders das Eigelb erfordert 10 Minuten Muskelkraft, wenn es mit dem Schneebesen gerührt wird. Etwas schneller geht es mit dem Handrührgerät. Dieses muss aber, während es eingeschaltet ist, noch zusätzlich in der Schüssel bewegt werden. Das Eiweiss wird separat steif geschlagen. Die Luft, die diese Massen jetzt eingefangen haben, dehnt sich dann beim Backen aus. Dieser Vorgang wird als physikalische Lockerung bezeichnet.

Honig oder Vollrohrzucker werden auf Eigelb und Eiweiss zur Hälfte verteilt und mitgerührt oder mitgeschlagen. Im Biskuit sind sie nicht nur Süssmittel, sondern sie tragen zugleich zum Binden der Masse bei. Vor allem das Eiweiss wird glatter und kompakter und lässt sich besser unterheben. Gewürze hingegen dürfen nie dem Eiweiss beigegeben werden, da die ätherischen Öle das Steifwerden verhindern würden.

Zum Schluss wird sehr fein gemahlenes Weizen- oder Dinkelmehl unter die Eiermassen gehoben. Hier muss vorsichtig gearbeitet werden, denn jedes unnötige Rühren zerstört das Volumen. Das Mehl hat in der Biskuitmasse die Aufgabe, Flüssigkeit zu binden, die Krume zu festigen und trägt zur Gerüstbildung bei. Die fertige Biskuitmasse muss unverzüglich aufs Blech gestrichen oder in die Form gefüllt und in den heissen Backofen geschoben werden. Nehmen Sie hier immer Backpapier, damit das Backgut sicher nicht klebt. Dann geht es ans Füllen und Tortenbauen. Vollwertige Torten – der Applaus wird Ihnen sicher sein!

Biskuitmasse (Grundrezept)

175 g	sehr feines Weizenmehl oder Dinkelmehl, frisch gemahlen
1 TL	Backpulver
1 Pr.	Vanillepulver oder etwas abgeriebene Zitronenschale
1 Pr.	Meersalz
50 ml	Wasser
100 g	Honig
4	Eigelb
4	Eiweiss

Für 2 Biskuitböden oder 1 Torte von 22 cm Durchmesser oder 1 Roulade.

Dies ist der Grundteig für Rouladen, Biskuitböden und gefüllte Torten. Mit feingemahlenem Dinkelmehl wird er besonders leicht und bekommt eine schöne gelbe Farbe.

In einer Schüssel Mehl, Backpulver, Vanille und Meersalz vermischen. In einer zweiten grossen Schüssel Wasser, 50 g Honig und Eigelb 10 Minuten schaumig schlagen, bis es sich hell verfärbt und das doppelte Volumen erreicht hat. In einer dritten Schüssel das Eiweiss und den restlichen Honig steif schlagen. Jetzt die Mehlmischung und das Eiweiss abwechselnd mit dem Teigspachtel unter die Eigelbmasse heben. Nur soviel wie nötig rühren. Für die Weiterverarbeitung siehe die einzelnen Rezepte.

Tip:
Das Biskuit kann am Vortag gebacken und erst kurz vor Gebrauch durchgeschnitten und garniert werden.

Canache

100 ml	Rahm
220 g	dunkle Reformschokolade
50 g	Butter
1 EL	Kirsch oder Cognac
100 ml	Rahm

Eine Patisseriecreme für die Gartenhagtorte. Sie eignet sich auch zum Füllen von Kleingebäck, wie Eclairs, Rouladen oder Mailänderli.

100 ml Rahm, Schokolade und Butter in einer Saucenpfanne erhitzen, bis sich die Schokolade vollständig aufgelöst hat. Vorsicht, brennt leicht an! Öfter rühren. Die Masse kalt stellen, bis sie zu stocken beginnt. Kirsch zugeben und mit dem Handrührgerät schaumig rühren. Den restlichen Rahm steif schlagen und untermischen.

Haselnuss-Quarkroulade

Bild S. 109

1 Portion Biskuitmasse gemäss Rezept Seite 111

Füllung:

100 g Haselnüsse
200 g Vollmilchquark
50 g Birnendicksaft
etwas Vanille
200 ml Rahm
Vollrohrzucker

Ergibt 1 grosse Roulade, etwa 16 Scheiben.

Leicht und vollwertig. Ein richtiger Hit!

Den Backofen auf 220 Grad einschalten und die Nüsse, auf einem Blech ausgebreitet, kurz rösten. In einem Tuch aneinander reiben, so dass sich ein Teil der Haut ablöst. Ganz fein mahlen. Mit Quark, Birnendicksaft und Vanille verrühren. Den Rahm steif schlagen und unter den Quark ziehen. Kalt stellen. Ein Backblech (30 × 40 cm) mit Backpapier belegen. Die Biskuitmasse zubereiten und gleichmässig über das ganze Blech verstreichen. Bei 220 Grad 13 Minuten backen. Herausnehmen und auf den Tisch gleiten lassen. Mit dem Backblech sofort zudecken, damit das Biskuit weich bleibt und sich gut aufrollen lässt. Unter dem Blech 5 Minuten erkalten lassen. Auf ein zweites Papier oder ein Tuch stürzen, das Backpapier abziehen und das Biskuit wenden. Mit der Füllung bestreichen und aufrollen. Ins Backpapier eingerollt, Naht nach unten ganz erkalten lassen. Wenn gewünscht, die Roulade mit durchgesiebtem Vollrohrzucker bestreuen oder mit Birnendicksaft bepinseln und mit feingemahlenen Nüssen bestreuen. Mit einem heissen Messer in Scheiben schneiden.

Quarkroulade mit Früchten oder Beeren

Wie Haselnussroulade zubereiten. Anstelle von Haselnüssen etwa 200 g kleingeschnittene Früchte oder Beeren unter den Quark mischen.

Traubentorte

1 Portion Biskuitmasse, gemäss Rezept Seite 111

Belag:

300 ml Rahm
300 g Vollmilchquark
50 g Birnendicksaft
ein paar Tropfen Zitronensaft
ca. 600 g Traubenbeeren

Ergibt aus einem Biskuitboden von 22 cm Durchmesser 2 Torten.

Den Boden einer Springform von 22 cm Durchmesser mit Backpapier belegen. Den Rand einfetten. Die Biskuitmasse nach Rezept zubereiten. In die Form füllen und glattstreichen. Bei 220 Grad etwa 15 Minuten backen. Aus der Form nehmen. Das Backpapier abziehen. Torte auf einem Gitter erkalten lassen und dann horizontal durchschneiden. Für den Belag den Rahm steif schlagen. Quark, Birnendicksaft und Zitronensaft dazurühren. Die Hälfte der Masse (¼ für jeden Tortenboden) auf die beiden Biskuits streichen. Die Traubenbeeren, wenn nötig, halbieren und entkernen. Gefällig auf der Creme anordnen. Restliche Creme in den Spritzsack füllen und die Torten garnieren. Mit einem heissen Messer in Stücke schneiden. Die Torte schmeckt ganz frisch am besten. Sie kann aber auch 1 bis 2 Tage im Kühlschrank aufbewahrt werden.

Fruchttorte

Traubenbeeren sind eine Möglichkeit von vielen für den Belag der Fruchttorte. Das ganze Jahr hindurch gibt es Früchte, angefangen bei Kirschen im Frühsommer bis zu Orangen und Mandarinen im Winter, die sich für diese Torte eignen. Anstelle von Traubenbeeren werden etwa 600 g andere süsse, saftige Saisonfrüchte verwendet. Kiwitorten müssen ganz frisch gegessen werden, da Kiwi die Milchprodukte bitter machen.

Beerentorte

Saft von eingelegten Beeren
evtl. etwas Fruchtsaft, z. B. Orangensaft
1 TL Agar-Agar-Pulver
1 EL Cointreau oder anderer feiner Schnaps

Wie die Traubentorte zubereiten. Anstelle von Trauben 500 bis 600 g Beeren verwenden, z. B. Erdbeeren, Himbeeren oder Johannisbeeren. Sie schmecken besonders gut, wenn sie einige Stunden mit 1 bis 2 EL Birnendicksaft eingelegt werden. Dann die Beeren abtropfen lassen, dabei Beerensaft auffangen. Beeren auf die mit Rahmquark bestrichenen Biskuitböden legen. Den Saft wie folgt zu Gelee abbinden: Den Beerensaft in einen Messbecher geben und, wenn nötig, mit Fruchtsaft auf 200 ml auffüllen. Fruchtsaft mit dem Gelierpulver und dem Schnaps in einem Pfännchen verrühren und aufkochen. 1 bis 2 Minuten köcheln lassen. Gelee mit einem Löffel über die Beeren träufeln. Es dickt sofort ein. Wie die Traubentorte garnieren.

Gartenhagtorte

Füllung:

1½ Portionen Vanillebackcreme gemäss Rezept Seite 55
200 ml Rahm

Boden:

200 g Knuspermürbteig, Rezept Seite 66
3 EL Himbeerkonfitüre

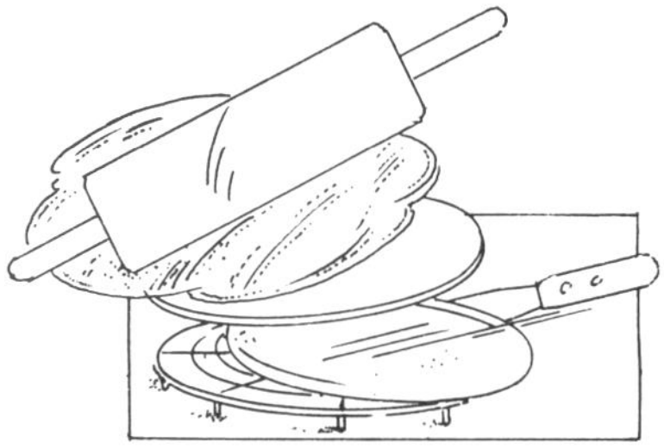

Biskuit:

100 g Weizen- oder Dinkelmehl
25 g Stärkemehl
40 g Kakaopulver
1 TL Backpulver
1 TL Vanillezucker
1 Pr. Meersalz
50 ml Wasser
120 g Vollrohrzucker oder Zuckerrübensirup
je 4 Eigelb und Eiweiss

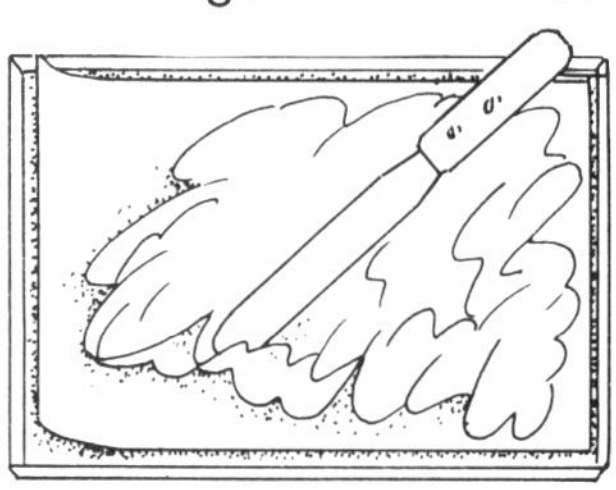

Für 1 Torte von 26 cm Durchmesser.

Diese klassische Torte ist viel weniger schwierig, als es aussieht.

Zuerst die Backcreme für die Füllung herstellen und abkühlen lassen. 200 ml Rahm steif schlagen und darunterziehen. Kühl stellen.

Den Mürbteig auf 26 cm Durchmesser rund ausrollen und bei 200 Grad 10 Minuten backen. Vom Blech nehmen und auskühlen lassen.

Für das Biskuit Mehle, Kakao, Backpulver, Vanillezucker und Meersalz vermischen. Wasser, Eigelb und die Hälfte des Zuckers 10 Minuten mit dem Schneebesen schaumig rühren. Die Masse muss sich hell verfärben und das doppelte Volumen bekommen. Das Eiweiss mit dem restlichen Vollrohrzucker sehr steif schlagen. Mehlmischung und Eiweiss abwechselnd mit dem Teigspachtel sorgfältig unter die Eigelbmasse heben. Auf ein mit Backpapier belegtes Blech (30 × 40 cm) streichen und bei 200 Grad 15 Minuten backen. Kurz abkühlen lassen, auf ein Tuch stürzen und das Backpapier vorsichtig abziehen.

Die Vanillebackcreme gleichmässig auf das Biskuit streichen. Längs in 6 genau gleich breite Streifen schneiden. Den Mürbteigboden auf ein rundes Blech legen und mit der Himbeerkonfitüre bestreichen. Den ersten Biskuitstreifen aufrollen und die Rolle in die Mitte des Mürbteigbodens stellen. Die übrigen Biskuitstreifen der Reihe nach um das Mittelstück wickeln.

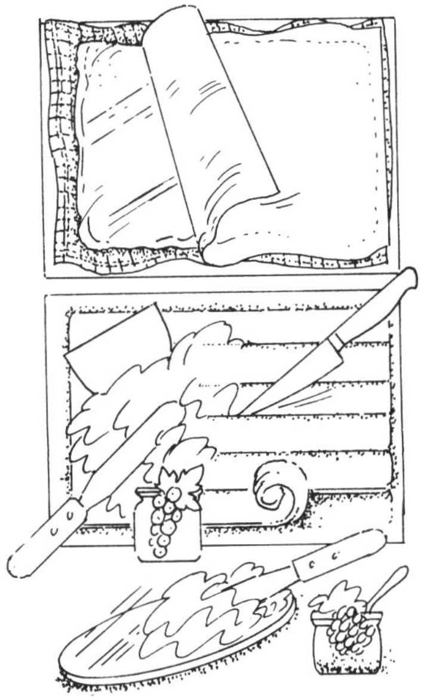

Tränke:
100 ml Wasser
3 EL Vollrohrzucker
1–2 EL Cognac

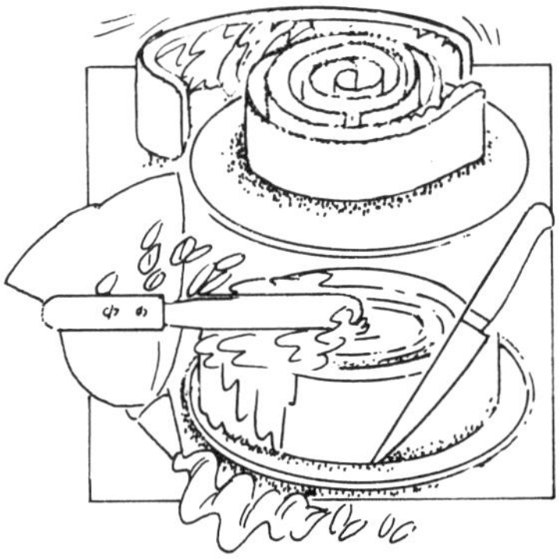

Garnitur:
1 Portion Canache gemäss
Rezept Seite 111
100 ml Rahm
einige Pistazienhälften

Eventuell überstehenden Boden abschneiden. Die Torte ½ Stunde kühl stellen.

Für die Tränke Wasser und Vollrohrzucker aufkochen und mit Cognac abschmecken. Die Oberfläche der Torte damit bepinseln. Den Canache herstellen und die Oberfläche und Ränder der Torte damit bestreichen. Einen Teil zum Ausgarnieren zurückbehalten.

Rahm für die Garnitur steif schlagen, in den Spritzsack füllen. Torte garnieren. Zuletzt mit Pistazienhälften garnieren.

Tip:
Die Torte erhält einen etwas fruchtigeren Geschmack, wenn das Biskuit vor dem Verteilen der Backcreme mit ein wenig Himbeer- oder Johannisbeer-Konfitüre bestrichen wird.

Arm des Zigeuners

Bild S. 109

1 Portion Biskuitmasse gemäss Seite 111
Füllung:
1 Portion Vanillebackcreme (Seite 55)
Saft und Schale von 1 Zitrone
100–200 ml Rahm

Für 1 grosse Roulade, etwa 16 Scheiben.

Zuerst die Backcreme für die Füllung herstellen, die Zitrone dazumischen und abkühlen lassen. Den Rahm steif schlagen und darunterziehen. Kühl stellen. Ein Backblech (30 × 40 cm) mit Backpapier belegen. Die Biskuitmasse zubereiten und gleichmässig über das ganze Blech verstreichen. Bei 220 Grad 13 Minuten backen. Herausnehmen und auf den Tisch gleiten lassen. Mit dem Backblech sofort zudecken, damit das Biskuit weich bleibt und sich gut aufrollen lässt. Unter dem Blech 5 Minuten erkalten lassen. Auf ein zweites Papier oder ein Tuch stürzen, das Backpapier abziehen und das Biskuit wenden. Mit der Füllung bestreichen und aufrollen. Ins Backpapier eingerollt, Naht nach unten, erkalten lassen. Wenn gewünscht, die Roulade mit gesiebtem Vollrohrzucker bestreuen oder mit Rahm garnieren. Mit einem heissen Messer in Scheiben schneiden.

Variante:
Etwa 100 g frische Früchte, z. B. Aprikosen, Pfirsiche, Bananen, Birnen, Orangen oder Mandarinen, süsse Melonen oder Papayas unter die Füllung rühren.

Schwarzwäldertorte

Biskuit:
wie für Gartenhagtorte, Seite 116

Tränke:

½ TL	Honig
50 ml	warmes Wasser oder Sirup von den Sauerkirschen
2–3 EL	Kirsch

Füllung:

200 g	entsteinte, eingemachte Sauerkirschen, abgetropft, oder
200 g	frische oder tiefgekühlte Kirschen, halbiert
300 ml	Vollrahm
3 g	Rahmhalter
60 g	Blütenhonig
1 TL	Vanillezucker

Belag:

350 ml	Vollrahm
ca. 50 g	dunkle Reformschokolade

Für 1 Torte von 22 cm Durchmesser.

Die Biskuitmasse wie für Gartenhagtorte, Seite 116, herstellen. In eine eingefettete Springform von 22 cm Durchmesser füllen. Bei 200 Grad 15 Minuten backen (Backprobe machen). Aus der Form nehmen und gut auskühlen lassen. Zweimal horizontal durchschneiden.

Für die Tränke Honig, Wasser oder Sirup und Kirsch zusammen auflösen. Den untersten Biskuitboden auf eine Platte legen und mit der Tränke beträufeln.

Für die Rahmfüllung 300 ml Rahm steif schlagen. Rahmhalter dazumischen. Blütenhonig und Vanille dazugeben. ½ der Kirschen auf den getränkten Boden legen und ½ der Rahmfüllung darüberstreichen. Die mittlere Biskuitscheibe darauflegen und die restlichen Kirschen und den Rest der Füllung darauf verteilen. Die oberste Biskuitscheibe darauflegen.

Für den Belag 350 ml Rahm steif schlagen und die ganze Torte mit etwa der Hälfte davon bestreichen. Die Schokolade mit dem Küchenhobel direkt über die Torte reiben. Die Torte mit dem restlichen Rahm und ein paar Kirschen verzieren. Kalt stellen. Mit einem heissen Messer Stücke schneiden. Die Schwarzwäldertorte bleibt 1 bis 2 Tage frisch. Im Kühlschrank aufbewahren und etwa 1 Stunde vor dem Verzehr herausnehmen.

Guetzli und Konfekt

Haben Sie sich auch schon gewundert, warum knackige Chips und knusprige Guetzli immer «nach mehr» schmecken, während sie ungegessen liegenbleiben, wenn ihnen die Luftfeuchtigkeit die Mürbe genommen hat?

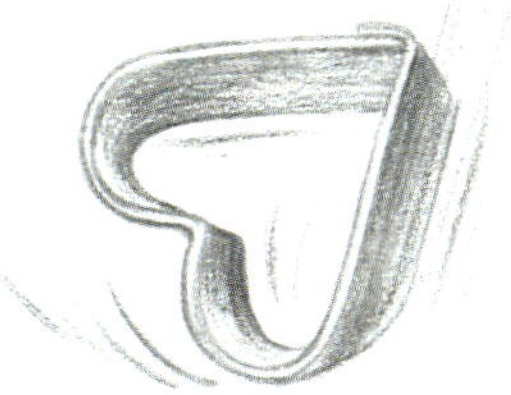

Die Nahrungsmittelindustrie, die nichts dem Zufall überlässt, hat den Geschmackssinn des Menschen erforscht und herausgefunden, dass die dröhnenden Kaugeräusche von Knusperwerk im Mund den Kauenden zum Weiteressen anregen.

Viele Vollkornguetzli verlieren nach ein, zwei Tagen ihre Knusprigkeit. Das kommt daher, dass die Süssmittel, die wir verwenden, von Natur aus mehr Flüssigkeit enthalten, als der weisse Zucker und das Vollkornmehl mit seinen Fett- und Faserbestandteilen Feuchtigkeit aufnimmt. Anders als beim gekauften Naschwerk jedoch, gewinnt Vollkorngebäck an Aroma, was es an Knusprigkeit einbüsst. Es vermittelt ein neues Geschmackserlebnis: Beim Dreinbeissen finden es die meisten Leute wenig oder zuwenig süss. Kauen sie es aber gründlich, wie das für Vollkorn nötig ist, so ändern sie plötzlich ihr Urteil. Was ist passiert? Der Speichel im Mund, der stärkespaltende Enzyme enthält, hatte angefangen, die Stärke in Zucker zu verwandeln, und siehe da, auch gesund wird süss im Mund!

Mailänderli

Bild S. 123

225 g	weiche Butter
200 g	Vollrohrzucker
2	Eigelb
1	Ei
von 1	Zitrone abgeriebene Schale
300 g	Weizenmehl
150 g	Dinkelmehl
50 g	Reismehl
1 Msp.	Backpulver
1 Pr.	Salz
1	Eigelb zum Bestreichen

Ergibt 80 bis 100 Stück.

In einer grossen Schüssel die Butter schaumig rühren. Die Eier, eins nach dem andern, einrühren, dann Vollrohrzucker und Zitronenschale beifügen und alles sehr gut verrühren. Mehle, Backpulver und Salz mischen und zur Buttermasse geben. Einen Teig bilden. Mindestens 1 Stunde an einem kühlen Ort ruhen lassen. 3 bis 4 mm dick ausrollen, Förmchen ausstechen und mit dem verdünnten Eigelb bestreichen. Bei 180 Grad 15 bis 20 Minuten backen.

Pfaffenhütchen

1	Mailänderliteig, Rezept oben, mit 150 statt 200 g Vollrohrzucker hergestellt
4–5 EL	säuerliche Konfitüre (Johannisbeer, Himbeer oder Aprikosen)
1	Ei zum Bestreichen

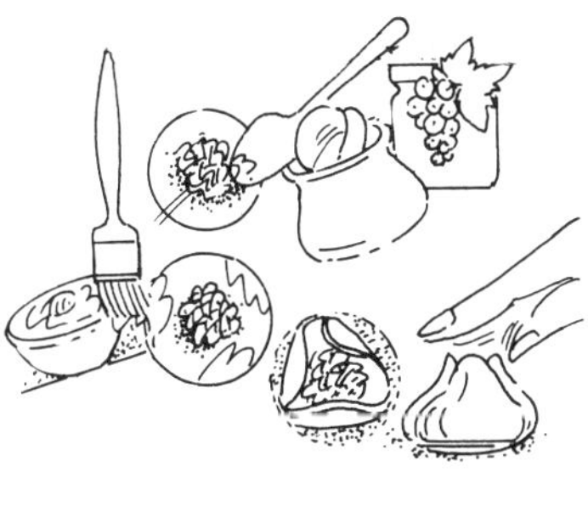

Ergibt etwa 50 Stück.

Den Teig herstellen und 2 bis 3 mm dünn ausrollen. Runde Plätzchen von 5 bis 6 cm Durchmesser ausstechen. In die Mitte von jedem Plätzchen ¼ TL Konfitüre geben und am Rand an 3 Stellen mit Eiweiss bepinseln. Diese 3 Stellen hochheben und aneinanderdrücken, so dass ein Dreispitz entsteht. Mit dem leicht verdünnten Eigelb bepinseln. Bei 180 Grad 15 bis 20 Minuten backen.

Pfauenaugen

1 Mailänderliteig, Rezept Seite 125 mit 150 statt 200 g Vollrohrzucker hergestellt
Johannisbeer- oder Himbeergelee
Birnendicksaft oder flüssiger Honig
Mandeln, geschält und ganz fein gemahlen

In der Schweiz heissen sie «Spitzbuebe» und in der Fachwelt «Teeplätzchen».

Den Teig etwa 2 mm dünn ausrollen und runde Plätzchen ausstechen. Bei der Hälfte der Plätzchen mit einem kleinen Ausstecher oder Fingerhut ein Loch machen. Bei 180 Grad 10 bis 15 Minuten backen. Die ganzen Plätzchen auf der Backunterseite mit Konfitüre bestreichen. Die gelochten Plätzchen mit Birnendicksaft oder Honig bepinseln und in die Mandeln drücken. Auf die Konfitürenplätzchen legen.

Spekulatius

100 g weiche Butter
100 g Vollrohrzucker
1 Ei
50 g Mandeln, ganz fein gerieben
1 TL Zitronensaft
etwas abgeriebene Zitronenschale
½ TL Bittermandel-extrakt
½ TL Zimt
je 1 Pr. Kardamom- und Nelkenpulver
300 g Vollkornmehl

Ergibt etwa 25 Stück.

Ein zartgewürzter Teig für hübsche Model aus Holz oder Ton.

Die Butter schaumig rühren. Alle übrigen Zutaten, ausser dem Mehl, beigeben und kräftig zu einer glatten Masse verrühren. Das Mehl darunterheben und einen Teig bilden. 1 bis 2 Stunden an einem kühlen Ort ruhen lassen. Den Teig etwa 5 mm dick ausrollen. Die bemehlten Model daraufdrücken und die Formen ausschneiden. Es können auch beliebige Keksformen ausgestochen werden. Bei 180 Grad etwa 15 Minuten backen.

Zimtsterne

100 g	Eiweiss (ca. 3 Stück)
100 g	Honig
2 EL	Zimt
350 g	Mandeln, frisch gemahlen
1 TL	Vanillezucker

Ergibt 30 bis 40 Sterne.

Eiweiss und Honig sehr steif schlagen, wenn möglich mit dem Handrührgerät. Die übrigen Zutaten zugeben und einen Teig bilden. Einige Stunden an einem kühlen Ort ruhen lassen. Zum Ausrollen feingemahlene Mandeln durch ein Sieb auf die Arbeitsfläche streuen und den Teig knapp 1 cm dick ausrollen. Sterne ausstechen und diese auf ein Blech legen. Mindestens 1 Stunde ruhen lassen, dann bei 160 Grad 15 Minuten backen.

Variante:
Für einen etwas kräftigeren Geschmack können anstelle von 350 g Mandeln 300 g Mandeln und 50 g Buchweizenmehl genommen werden.

Himbeerlebkuchen

Bild S. 137

150 g	Himbeeren, frisch oder tiefgekühlt
350 g	Mandeln, frisch gerieben
100 g	Dinkelmehl, frisch gemahlen
2 EL	Orangeat
1 TL	Zimt
1 Msp.	Nelkenpulver
1 Pr.	Muskatnuss
6	Eiweiss
100 g	Honig

Ergibt etwa 35 Würfel zu 3 × 3 cm.

Die Himbeeren im Mixer pürieren und mit Mandeln, Mehl, Orangeat und Gewürzen vermischen. Eiweiss und Honig in einer fettfreien Schüssel, wenn möglich mit dem Handrührgerät, zu steifem Schnee schlagen und unter die Himbeermasse heben. Die Masse auf ein mit Backpapier ausgelegtes Blech streichen und bei 160 Grad 35 bis 40 Minuten backen. Nach dem Abkühlen den Lebkuchen in 3 × 3 cm grosse Würfel schneiden und in einer Konfektdose aufbewahren.

Florentiner

Bild S. 133

100 g	Butter
120 g	Honig
80 ml	Rahm
150 g	Mandeln, gehobelt
2 EL	Orangeat (Seite 148)
300 g	Knuspermürbteig, Rezept Seite 66

Ergibt 30 Stück zu 3 × 7 cm.

Diese Florentiner waren bei unseren Tests die Favoriten. Beigetragen zu ihrem Erfolg hat das selbstgemachte aromatische Orangeat.

Butter, Honig und Rahm in einen Topf geben und aufkochen. Mandeln und Orangeat zugeben und gut vermischen. Abkühlen lassen. Den Mürbteig 30 × 30 cm gross ausrollen und auf ein mit Backpapier belegtes Blech legen. Die Buttermasse auf den Teigboden geben und gleichmässig verstreichen. Bei 200 Grad etwa 20 Minuten backen. Vollständig auskühlen lassen und in kleine Rechtecke schneiden.

Tip:
Die Hälfte der Mandeln kann durch Sesam, Leinsamen, Sonnenblumenkerne, Baumnüsse oder Haferflocken ersetzt werden.

Petit Beurres

500 g	Weizenmehl, frisch gemahlen
2 TL	Vanillezucker
1 TL	Backpulver
½ TL	Meersalz
100 g	weiche Butter
1	Ei
Milch oder Wasser	
100 g	Vollrohrzucker
etwas abgeriebene Zitronenschale	

Wer mag sie nicht, diese knusprigen, wenig süssen Allerwelts-Teebiskuits? Dieses Rezept für eine Vollkornversion ergibt gleich eine ganze Vorratsschachtel voll. Das lohnt sich, denn Vollkorn-Petit-Beurres schmecken nach dem ersten Tag noch besser.

Mehl, Vanille, Backpulver und Meersalz in einer grossen Schüssel vermischen. Die Butter schaumig rühren. Das Ei in einem Messbecher verquirlen und mit Milch oder Wasser auf 2 dl auffüllen. Vollrohrzucker und Zitronenschale beifügen und schaumig schlagen. Nach und nach

zur Butter geben und gut verrühren. Zu der Mehlmischung geben und einen Teig bilden. Nur so lange kneten, bis ein gleichmässiger Teig entsteht. Zugedeckt ½ Stunde ruhen lassen. Sehr dünn auf die Grösse eines Backblechs ausrollen. Aufs Wallholz (Nudelholz) aufrollen und auf dem Backblech wieder abrollen. Mit einem Teigrädchen Vierecke schneiden und jedes mit einer Gabel 2- oder 3mal einstechen. Bei 180 Grad 10 bis 15 Minuten knusprig backen.

Basler Leckerli

500 g Vollkornmehl
abgeriebene Schale von ½ Zitrone
je 50 g grob gehackte Mandeln und Haselnüsse
90 g Zitronat oder 90 g Zitronat und Orangeat gemischt
2 TL Zimt
1 Msp. Nelkenpulver
500 g Blütenhonig
2½ EL Kirsch
1 Msp. Treibsalz, in wenig Milch oder Wasser aufgelöst

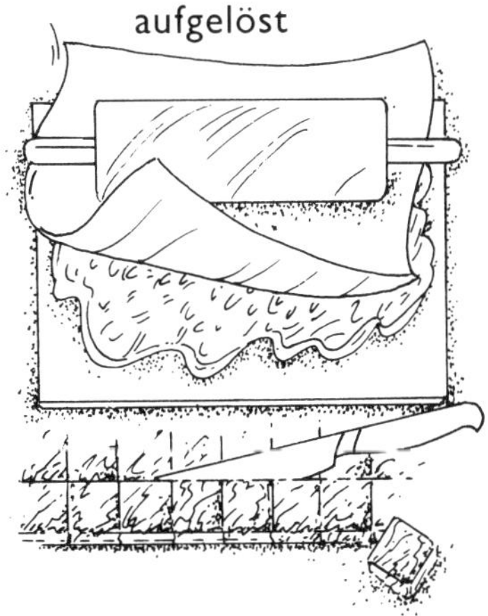

Ergibt 1 Backblech.

Mehl, Nüsse und Gewürze in einer Schüssel gut mischen. Eine Mulde formen. Den Honig in einer Pfanne aufkochen und den Kirsch dazugeben. Den heissen Honig nach und nach in die Mehlmulde giessen und immer wieder mit Mehl zudecken. Das aufgelöste Treibsalz beifügen und alles zu einem gleichmässigen Teig verarbeiten. Den Teig zwischen zwei Blättern Backpapier ½ cm dick ausrollen. Das Papier zwischendurch abziehen. Auf ein Backblech legen und das obere Papier abziehen. Einige Stunden stehenlassen. Bei guter Hitze 15 Minuten backen. Aus dem Ofen nehmen und sofort in Vierecke schneiden.

Anmerkung:
Der Teig für Basler Leckerli sollte warm ausgerollt werden, da er nach dem Erkalten hart wird. Er kann aber ¼ Stunde stehengelassen werden, wenn er am Anfang zum Ausrollen zu feucht ist.

Butter-«S»

Bild S. 133

250 g	Weizenmehl, fein gemahlen
100 g	Butter
100 g	Vollrohrzucker
2	Eier
1 EL	abgeriebene Zitronenschale

Eigelb zum Bestreichen
Kokosflocken zum Bestreuen

Eine schwäbische Spezialität aus der Bäckerei von Utes Vater. Sie wurde nur zu Weihnachten gebacken.

Alle Zutaten, ausser dem Eigelb und den Kokosflocken, in eine Schüssel geben und zügig zu einem Mürbteig verarbeiten. In 6 Teile schneiden und Rollen von 1 cm Dicke formen. Diese in 8 cm lange Stücke schneiden und daraus «S» biegen. Die Oberfläche mit Eigelb bestreichen und in die Kokosflocken drücken. Mit den Flocken nach oben auf ein mit Backpapier belegtes Blech geben. Bei 190 Grad etwa 25 Minuten backen.

«Totebeinli»

100 g	weiche Butter
300 g	Vollrohrzucker
1	abgeriebene Zitronenschale
4	Eier
½ EL	Zimt
200 g	ganze Mandeln
200 g	ganze Haselnüsse
500 g	Weizenmehl, frisch gemahlen

Ergibt etwa 60 Stück.

Butter, Zucker, Zitronenschale, Eier und Zimt 10 Minuten schaumig schlagen. Die Hälfte der Haselnüsse und Mandeln grob mahlen oder hacken, den Rest ganz lassen. Alle Nüsse und das Mehl zur Masse geben und einen gleichmässigen Teig bilden. 2 Teigstreifen von 2 cm Dicke und 10 cm Breite ausrollen und einige Stunden kalt stellen. Backen: 15 bis 20 Minuten bei 180 Grad. Herausnehmen, in 1½ cm dicke Stangen schneiden, diese auf die Seite legen und nochmals bei 180 Grad 15 bis 20 Minuten überkrusten.

Amandines

Bild S. 133

Ergibt etwa 50 Stück.

180 g	weiche Butter
80 g	Honig
1	Eigelb
100 g	Mandeln, frisch gemahlen
300 g	Weizenmehl, frisch gemahlen
1	Eigelb zum Bestreichen
Zum Belegen:	
50	Mandeln, längs halbiert

Butter, Honig und Eigelb verrühren. Mandeln und Mehl zugeben und zu einem Teig kneten. 1 Stunde kühl stellen. Auf einer bemehlten Arbeitsfläche den Teig zu Rollen von 2 cm Durchmesser drehen. Von diesen 2 cm dicke Scheiben abschneiden und zu Kugeln formen. Auf ein Blech geben und mit den Handballen etwas flachdrücken. Oberflächen mit Eigelb bestreichen und auf jedes Guetzli (Keks) 1 Mandelhälfte legen. Bei 200 Grad 12 Minuten backen.

Haferflockenplätzchen

Ergibt 25 bis 30 Stück.

80 g	getrocknete Aprikosen
½ EL	Rum
100 g	Butter
75 g	Vollrohrzucker
2	Eier
160 g	Dinkelmehl, frisch gemahlen
150 g	Haferflocken
½ TL	Backpulver

Die Aprikosen mit der Schere in kleine Stücke schneiden oder grob hacken. In eine kleine Schüssel geben, mit dem Rum beträufeln und etwas ziehen lassen. Inzwischen Butter, Vollrohrzucker und Eier gut verrühren. Mehl, Haferflocken und Backpulver mischen und zugeben. Zuletzt die Aprikosen darunterarbeiten und einen Teig bilden. Mit dem Teelöffel den Teig häufchenweise abstechen und auf ein Backblech legen. Flachdrücken und bei 190 Grad 15 Minuten backen.

Variante:

Anstelle von Dörraprikosen 80 g Sultaninen (weisse Rosinen) oder andere Dörrfrüchte nehmen.

Dattelrondellen

100 g	Butter
50 g	Birnendicksaft
2	Eier
400 g	Vollkornmehl
2 TL	Backpulver
1 TL	Vanillezucker
100 g	Nüsse, nach Wahl, klein gehackt
150 g	Datteln, klein gehackt
50 g	Rosinen
1 EL	Orangeat oder 1 TL abgeriebene Orangenschale

Ergibt 25 bis 30 Rondellen.

Butter schaumig rühren. Eier und Birnendicksaft nach und nach dazurühren. Die übrigen Zutaten in einer separaten Schüssel mischen. Zu den flüssigen Zutaten geben und einen Teig bilden. Er ist ziemlich trocken und brüchig, was das Gebäck schön knusprig macht. Wenn der Teig gar nicht zusammenhält, etwas Flüssigkeit beimischen. Eine Rolle von 4 bis 5 cm Durchmesser formen und mit einem scharfen Messer in Sägebewegung etwa 1 cm dicke Scheiben abschneiden. Auf ein Backblech legen und bei 180 Grad 15 Minuten backen.

Variante:
Anstelle von Datteln andere kleingeschnittene Dörrfrüchte und 100 g statt 50 g Birnendicksaft nehmen.

Flapjacks (englische Haferflockenkekse)

200 g	Butter
150 g	Vollrohrzucker
150 g	Zuckerrübensirup
4 EL	Vollkornmehl
250 g	feine Haferflocken
1 Pr.	Salz

Ergibt 40 bis 50 Stück.

Butter, Vollrohrzucker und Rübensirup unter Rühren in einer Saucenpfanne erwärmen. Nicht kochen! Vom Feuer nehmen und die übrigen Zutaten einrühren. 15 Minuten erkalten lassen. Mit einem Esslöffel Häufchen abstechen und auf ein mit Backpapier belegtes Blech geben. Genug Abstand lassen, da sie verlaufen. Bei 200 Grad 8 bis 10 Minuten backen. Erst nach dem Abkühlen vom Papier nehmen.

Zitronensterne

3	Eigelb
90 g	Vollrohrzucker
½ TL	echtes Vanillepulver
½ TL	abgeriebene Zitronenschale
½ EL	Zitronensaft
1 Msp.	Backpulver
200 g	Mandeln, fein gerieben
50 g	Weizen- oder Dinkelmehl

Ergibt etwa 30 Stück

Eigelb, Zucker und Vanille zu einer sämigen Creme schlagen. Die restlichen Zutaten zugeben und zu einem Teig mischen. Der Teig sollte nicht mehr kleben. Auf einer mit Mehl bestäubten Arbeitsfläche ½ cm dick ausrollen und Sterne ausstechen. Bei 170 Grad etwa 10 Minuten backen.

Tip:
Die Sterne mit selbstgemachtem Zitronat (Seite 148) oder Dörrfruchtstückchen garnieren.

Feigenschnitten

250 g	getrocknete Feigen
200 ml	Wasser
50 g	Birnendicksaft oder Honig
etwas	abgeriebene Zitronenschale
50 g	feingehackte Baumnüsse
4 EL	Kokosraspeln
80 g	Butter oder Öl
100 g	Birnendicksaft oder Honig
½ TL	Meersalz
200 g	Vollkornmehl
ca. 150 g	Haferflocken

Für 1 Backform von 20 × 30 cm, 24 Schnitten.

Die Feigen klein schneiden und mit dem Wasser und dem Birnendicksaft in einer Saucenpfanne köcheln lassen, bis ein dickes Mus entsteht (5 bis 10 Minuten). Oft rühren. Zitronenschale, Baumnüsse und Kokosraspeln beimischen und abkühlen lassen.

Butter oder Öl und Birnendicksaft in einer Schüssel verrühren. Salz und Vollkornmehl dazumischen. Die Haferflocken nach und nach zugeben, bis ein krümeliger Teig entsteht. Die Hälfte des Teiges von Hand auf eine rechteckige, eingefettete Kuchenform verteilen. Die Feigenmasse daraufstreichen und mit dem restlichen Teig zudecken. Bei mittlerer Hitze 30 Minuten backen. Noch heiss in Rechtecke schneiden, aber erst nach dem Abkühlen aus der Form nehmen.

Wiener Kipferln (Vanille-Hörnchen)

Bild S. 133

Ergibt etwa 40 Wiener Kipferln.

250 g	Weizenmehl
80 g	Vollrohrzucker
2 TL	Vanillepulver
3	Eigelb
120 g	Butter
125 g	geschälte, fein gemahlene Mandeln
2 EL	Milch

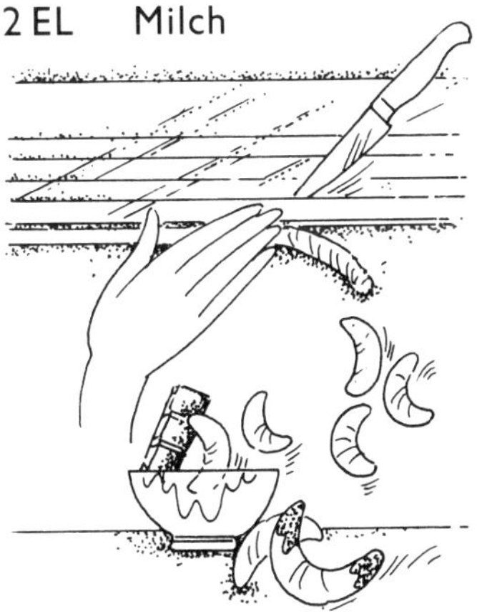

Das Mehl auf ein Teigbrett oder in eine Schüssel geben. Eine Vertiefung formen. Zucker, Vanille und Eigelb verquirlen und hineingeben. Mit einem Teil des Mehles gut mischen. Die in Stücke geschnittene kalte Butter und die Mandeln beifügen und alles rasch mit kühlen Händen zu einem gleichmässigen Teig verarbeiten. 1 Stunde kühl stellen. Den Teig 1 cm dick ausrollen, Streifen schneiden und ½ cm dicke Rollen formen. Etwa 5 cm lange Stücke abschneiden, an den beiden Enden zuspitzen und biegen. Auf das Blech legen und bei 160 Grad 15 Minuten backen.

Tip:
50 g Reformschokolade schmelzen und die Enden der gebackenen Kipferln eintauchen.

Orangen-Schokolade-Plätzchen

Bild S. 133

Ergibt 40 bis 50 Plätzchen.

200 g	Vollweizenmehl
1 TL	Backpulver
1 Pr.	Salz
Schale von 1 Orange gerieben	
60 g	Vollrohrzucker
½ TL	Vanillepulver
1	Ei
1–2 EL	Milch
100 g	weiche Butter
100 g	dunkle Reformschokolade

Alle Zutaten, ausser der Schokolade, in eine Schüssel geben und zu einem Teig mischen. Die Schokolade grob raspeln und unter den Teig kneten. Zu einer Kugel formen und zugedeckt 30 Minuten kalt stellen. Den Teig auf einer bemehlten Fläche ½ cm dick ausrollen. Beliebige Förmchen ausstechen. Bei 180 Grad etwa 15 Minuten backen.

Tip:
Jedes Plätzchen mit einem Stückchen Orangeat oder gedörrter Papaya verzieren.

Dattelschnitten

Teig:

150 g	feine Haferflocken
150 g	Vollkornmehl
1 Pr.	Meersalz
6 EL	Maiskeimöl
125 ml	warmes Wasser

Füllung:

200 g	Datteln
1,5 dl	Wasser oder Apfelsaft
¼ TL	Zimt
1 TL	Vanillezucker
1 Pr.	Salz
100 g	Rosinen
100 g	Mandeln oder Baumnüsse, grob gehackt

Zum Bestreuen:

1 EL	Vollrohrzucker

Für 1 Backform von 20 × 30 cm, 24 Schnitten.

Datteln, Nüsse und Haferflocken harmonieren sehr gut zusammen. Deshalb kann hier auf Butter und Süssmittel verzichtet werden.

Haferflocken, Mehl und Salz vermischen. Öl und Wasser mit einer Gabel verrühren und zu der Haferflockenmischung geben. Einen Teig bilden, kurz kneten und etwas ruhen lassen. Inzwischen für die Füllung die Datteln entsteinen, in grobe Stücke schneiden und mit der Flüssigkeit pürieren (Cutter, Mixer oder Fleischwolf). Die übrigen Zutaten für die Füllung beigeben und mischen. Backform einfetten. Den Teig halbieren und dünn ausrollen. Den Boden der Backform belegen. Die Füllung daraufstreichen. Die zweite Teighälfte gleich gross ausrollen und über die Füllung legen. Locker mit Vollrohrzucker bestreuen. Bei 200 Grad 20 bis 25 Minuten backen. In kleine Vierecke schneiden und aus der Form nehmen.

Apricotina

Bild S. 141

100 g	Dörraprikosen
100 g	ganze Mandeln
100 g	Cashewkerne
150 g	Zuckerrübensirup oder Honig
50 g	Tahin
1 TL	Vanillezucker oder 1 EL Rosenwasser
⅛ TL	Bittermandelessenz

Ergibt etwa 40 Kugeln.

Die Aprikosen im Siebeinsatz 10 Minuten weich dämpfen und mit einem Messer ganz fein hacken. Die Nüsse so fein wie möglich mahlen. Alle Zutaten gut mischen. Kugeln formen und mit einigen Sesamsamen garnieren. In farbigen Pralinenförmchen servieren.

Portugiesisches Feigenkonfekt

Bild S. 141

100 g ganze Mandeln
500 g getrocknete Feigen
3–4 EL Rum
Pralinenförmchen

Ergibt etwa 45 Kugeln.

Die Mandeln, wenn gewünscht, schälen und im Ofen oder in der Bratpfanne (ohne Ölzugabe) rösten. Die Mandeln fein hacken. Die Feigen von den Stielen befreien und grob schneiden, dann durch den Fleischwolf drehen oder im Cutter kleinhacken. Den Rum und die Hälfte der gehackten Mandeln dazumischen. Mit eingefetteten Händen baumnussgrosse Kugeln formen und in den restlichen Mandeln wenden, bis sie ganz überzogen sind. In Pralinenförmchen trocknen lassen.

Malzcrunchies

150 g Haferflocken
50 g Sesamsamen
50 g Sonnenblumenkerne
100 g Tahin
200 g Malzextrakt, flüssig

Unsere nährstoffreichsten Guetzli (Kekse) mit feinstem Geschmack. Eine Liebe auf den zweiten Biss.

Den Backofen auf 175 Grad einschalten. Die Haferflocken auf ein Blech verteilen und ein paar Minuten rösten, bis sie nussartig duften. Alle Zutaten in eine Schüssel geben und gut mischen. Den Teig zu einer langen Rolle formen und ½ Stunde ruhen lassen. Mit einem scharfen Messer 1 cm dicke Scheiben schneiden und auf ein mit Backpapier belegtes Blech legen. Auf der obersten Schiene bei 175 Grad 10 Minuten backen. Vollständig erkalten lassen und in Dosen aufbewahren.

Tip:
Wir haben die Malzcrunchies mit selbstgemachten Flocken gemacht. Wer keine Flockenmühle hat, sollte 100 g feine Haferflocken und 50 g Vollkornmehl verwenden.

Zu den Zutaten

Vollkorngebäck ist längst nicht immer Vollwertgebäck. Neben dem Mehl müssen auch die andern Zutaten stimmen. Die wichtigsten davon sind hier beschrieben.

Agar-Agar

Ein Bindemittel aus Meeralgen, das Flüssigkeiten im erkalteten Zustand bindet. Es muss aber erhitzt werden. Agar ist mineralstoffreich und verdauungsfördernd.

Backpulver

Dieses weisse Pulver wurde im 19. Jahrhundert erfunden und industriell hergestellt. Seine Treibkraft beruht auf der im Natron (Natriumbikarbonat) enthaltenen Kohlensäure. Der fertige Teig muss – im Gegensatz zum Hefeteig – sofort in den heissen Ofen geschoben werden, denn nur Flüssigkeit und Hitze zusammen lockern den Kuchen optimal. Backpulver darf auch nicht direkt mit Fettzutaten gemischt werden, da sie sonst verseifen und das Gebäck ungeniessbar wird.

Kaufen Sie Backpulver im Reformhaus. Es wird aus Rohstoffen natürlichen statt synthetischen Ursprungs hergestellt. Seit einiger Zeit ist dort auch ein phosphatfreies Produkt erhältlich. (Siehe auch «Natron» und «Treibsalz»).

Butter

Als Naturprodukt wird in der Vollwerternährung die Butter der Margarine vorgezogen. Wer aus diätetischen Gründen Margarine verwendet, sollte die schonend und mit qualitativ besseren Zutaten hergestellte Reformmargarine nehmen. Für die Gesundheit gilt jedoch für beide Produkte: je weniger, desto besser.

Carob, Johannisbrot

Die Frucht des Johannisbaums wird pulverisiert und kann als süsse, fett- und kalorienarme Alternative zum Kakao verwendet werden. Carob ist eiweiss-, vitamin- und mineralstoffreich.

Dörrfrüchte

In Rezepten, die viel Dörrfrüchte enthalten, wie Rosinen, Apfelschnitze, Dörrbirnen, Trokkenfeigen, Datteln usw., kann fast ganz auf konzentrierte Süssmittel verzichtet werden. Verwenden Sie natürliche, ungeschwefelte Ware. Sie ist daran erkennbar, dass sie dunkelfarbig und zäh ist und meist eingeweicht werden muss. Leuchtend helle und weiche Dörrfrüchte sind mit schwefliger Säure und andern Zusatzstoffen behandelt.

Eier

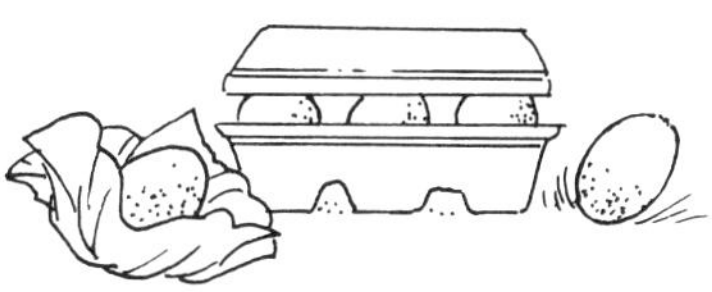

Als sehr konzentrierte Eiweissträger werden Eier in der Vollwerternährung zurückhaltend gebraucht. Gegenüber den herkömmlichen Rezepten haben wir ihre Zahl fast überall eingeschränkt. Dafür können wir uns die teureren, aber um so geschmackvolleren Eier aus Freilandhaltung leisten. Übrigens, Eier sind viel weniger verderblich, als allgemein angenommen wird. Sie können über mehrere Wochen im unteren Teil des Kühlschranks, wo es weniger kalt ist, in der Kartonschachtel oder in Zeitungspapier (kein Styropor!) gelagert werden.

Gelatine

Gelatine ist ein fast reines Protein, das aus tierischen Knochen, Geweben und heute vor allem aus Häuten durch Auskochen und Behandlung mit verschiedenen Lösungen und Säuren gewonnen wird. Nach vielen Versuchen

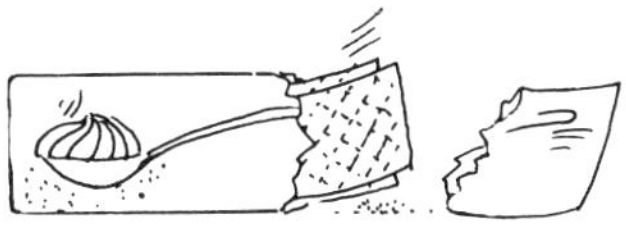

mit andern Bindemitteln mussten wir einsehen, dass wir in zweien unserer Rezepte nicht ohne Gelatine auskommen. Nur Gelatine ergibt eine schnittfeste und trotzdem leichte Creme.

Guarkernmehl, Johannisbrotkernmehl
(Rahmhalter)

Diese Pulver sind Kaltbinder, hergestellt aus den Kernen einer Tropenfrucht bzw. der Carobschote. Sie sind natürliche Bindemittel, die grammweise unter Cremen gemischt werden. Sie sind erhältlich unter den Namen «Guarina» und «Nestargil». Verwenden Sie sie in Rouladen, Kuchen und Torten, die viel Rahm enthalten und die Sie nicht aufs Mal frisch essen können. Vorsichtig dosieren, sonst schmeckt die Creme «gebunden» und schwer.

Marantamehl
(Stärkemehl, Speisestärke)

Ein Bindemittel, das durch Erhitzen bindet. Es ist eine sehr magenfreundliche Stärke aus der Pfeilwurzel, die sogar als Medizin empfohlen wird. In der Küche kann es durch gewöhnliches Stärkemehl oder Speisestärke ersetzt werden.

Meersalz

Die Salzmengen in den Rezepten beziehen sich auf Meersalz. Wird Kochsalz verwendet, so müssen die Mengen reduziert werden, da Kochsalz schärfer ist.

Mehl

Sie haben es wahrscheinlich gemerkt, in der Vollwertbäckerei verwenden wir nicht einfach Mehl, sondern frischgemahlene Getreidekörner, also Weizen, Dinkel, Roggen, Gerste, Hafer und sogar Mais, Reis, Hirse und Buchweizen. Dass Vollkornmehl gesünder ist als Weissmehl, ist mittlerweile bekannt, nicht aber, dass es sehr verderblich ist. Das ganze, unversehrte Getrei-

dekorn ist jahrelang lagerbar und keimfähig. Sobald es aber durch Schroten oder Mahlen aufgebrochen wird, verändert es sich sehr schnell. Die sauerstoffempfindlichen Vitamine werden zerstört, das Fett wird ranzig und das Eiweiss schlecht. Wer viel mit Vollkorn backen möchte, sollte deshalb den Kauf einer eigenen Getreidemühle in Betracht ziehen. Nicht nur können wir so die ganze Lebenskraft des vollen Korns in unsere Backwaren «einpacken», wir können auch durch das Mischen der verschiedenen Getreidearten neue Aroma- und Knusprigkeitsvarianten entdecken. Wer nicht gleich für eine Mühle so tief in die Tasche greifen möchte, kann Körner in Reformhäusern und Bioläden auf Bestellung frisch mahlen lassen. Wir haben alle unsere Rezepte mit frischgemahlenen Mehlen kreiert und erprobt. Zum Umsteigen, wenn Sie sich erst allmählich an den Geschmack des Vollkorns gewöhnen müssen, können Sie einen Teil der Kleie aus dem selbstgemahlenen Mehl aussieben und in Müesli, Suppen oder Brot verwerten.

Wer aus irgendeinem Grunde mit handelsüblichen Mehlen backen will, sollte die folgenden Unterschiede kennen:

Ausmahlungsgrad	BRD:
100%	Vollkornmehl
98–100%	Typ 2000
85–88%	Typ 1200
82–85%	Typ 1050
64–71%	Typ 550
10–54%	Typ 405

Ausmahlungsgrad	Schweiz:
100%	Vollkornmehl
70–100%	Spezialmischungen, z. B. «Buure-», Graham-, 5-Korn-Mehl
85–88%	Haushaltmehl
82–85%	Ruchmehl
64–71%	Halbweissmehl
10–54%	Weissmehl, Semmelmehl, Dunst

Nüsse
(Baum[Wal-]nüsse, Cashews, Haselnüsse, Mandeln, Pinienkerne)

Nüsse sollten immer ganz gekauft und frisch gemahlen werden. Sie können vor Gebrauch entweder in einem Bratpfännchen oder im Ofen geröstet werden. Den Ofen benützt man, wenn man ihn sowieso zum Backen einschaltet. Zum Rösten auf dem Herd nimmt man eine Bratpfanne, schaltet die Platte auf «klein» und lässt die Nüsse langsam hellbraun werden, während man sich andern Arbeiten in der Küche widmet. Von Zeit zu Zeit das Röstgut wenden. Nüsse nur so lange rösten, bis sie anfangen zu duften. Zu starkes Rösten macht die Nüsse bitter. Wichtig: Nur ganze Nüsse rösten und immer ohne Fettzugabe.

Natron, Natriumkarbonat

Ein weisses, kristallines Pulver mit einem ausgeprägten Laugengeschmack. Es wird in Gebäck verwendet, wo dieser Geschmack erwünscht ist, z. B. Lebkuchen. Kommt Natron in Berührung mit Flüssigkeit, wird sofort Kohlensäure frei. Teige, die Natron enthalten, müssen so rasch wie möglich gebacken werden. Natron ist der Hauptwirkstoff im Backpulver (siehe auch «Backpulver»).

Öl

In einigen Rezepten verwenden wir anstelle von Butter Öl. Zum Backen eignet sich am besten gepresstes Maiskeimöl aus dem Bioladen oder Reformhaus.

Orangeat und Zitronat

Am besten machen Sie dieses selber, denn die meisten gekauften Produkte sind fast nur Zucker und viel Chemie. Ungespritzte Orangen oder Zitronen mit dem Sparschäler schälen und die Späne klein hacken. Mit der gleichen Menge Honig in ein Schraubglas geben und im Kühlschrank aufbewahren. Es ist nach 14 Tagen gebrauchsfertig und hält viele Monate.

Quark

Wir haben für unsere Rezepte biologischen Vollmilchquark verwendet. Er ist geschmacklich besser als handelsüblicher Quark. Dieser wird entweder aus Magermilch gemacht (Magerquark, Speisequark) oder aus Magermilchquark, dem nachträglich Rahm beigefügt wurde (Rahmquark).

Kerne und Samen
(Kürbiskerne, Leinsamen, Mohn, Sesam, Sonnenblumenkerne)

Sie können wie Nüsse leicht geröstet werden. Vor allem Mohn, aber auch andere Samen, können in der Ölsaatmühle, in der Nussmühle und im Mörser noch gemahlen werden.

Süssmittel

Ohne das Süssen kommt man auch in der Vollwertbäckerei nicht aus. Es gibt jedoch eine Reihe von Süssmitteln, die naturbelassener, weniger «rein» und deshalb auch gesünder sind als der weisse Fabrikzucker. Viele Begleitstoffe (Vitamine, Mineralstoffe usw.) des Rohstoffs bleiben bei ihrer Herstellung erhalten. Auch der Geschmack verrät ihre Herkunft, während es unmöglich ist, den weissen Zucker des Zuckerrohrs von dem der Zuckerrübe zu unterscheiden. Deshalb stehen in der Vollwertküche nicht einfach «Zucker» im Vorratsschrank, sondern drei bis vier verschiedene Süssmacher.

Wir verwenden in unsern Rezepten Birnendicksaft, Honig, Vollrohrzucker, Zuckerrübensirup und Malzextrakt. Sie sind in Reformgeschäften, Bioläden oder Dritt-Welt-Läden erhältlich. Wir haben versucht, diese Süssmittel dem Geschmack des Gebäcks entsprechend einzusetzen. Ferner haben wir die Mengen gegenüber herkömmlichen Rezepten stark reduziert. Der Gewinn für die Gesundheit kommt nämlich nicht nur aus der Qualität des Süssmachers, sondern viel mehr noch aus der kleineren Quantität.

Birnendicksaft
(Birnel, Birnenhonig)

Dieser dickflüssige Sirup ist in der Schweiz ein traditioneller Brotaufstrich und ein Süssmittel zum Backen. Früher wurde er im Haushalt durch Einkochen von Birnensaft gewonnen und war fast schwarz. In der Innerschweiz ist solcher Birnenhonig noch im Handel erhältlich. Er ist das Süssmittel im Luzerner Lebkuchen. Infolge der grossen Obstüberschüsse der letzten Jahrzehnte wird Birnendicksaft jetzt auch fabrikmässig hergestellt. Der Saft wird unter Vakuum verdampft, was einen helleren, fruchtigeren Sirup ergibt. Da bei diesem Verfahren die Temperatur nie über 60 Grad steigt, bleiben wertvolle Inhaltsstoffe des Safts, sogar ein Teil des Vitamin C erhalten. Birnendicksaft ist besonders passend für fruchtiges Gebäck.

Die Rezepte in diesem Buch beziehen sich auf das schweizerische «Birnel». Im Vergleich dazu ist der in Deutschland erhältliche Birnendicksaft etwas flüssiger und säuerlicher. Man kann diesen Geschmack mit etwas Honig oder Vollrohrzucker abrunden.

Honig

Honig enthält kleine Mengen von Mineralstoffen, vorwiegend Kalium, Kalzium und Phosphor. Wertvoll am Honig sind die Enzyme, die aber durch Hitze weitgehend zerstört werden. Deshalb sollte zum Backen kein teurer, kaltgeschlagener und unpasteurisierter Honig verwendet werden. Je nach Herkunft kann Honig sehr unterschiedlich schmecken. Am neutralsten sind helle Sorten, vor allem Blütenhonig. Dunkle Sorten haben einen intensiven Geschmack.

Malzextrakt

Ist sehr vitamin- und mineralstoffreich und wird deshalb sogar als Aufbaumittel eingenommen. Es ist eine wichtige Zutat in der Bierbrauerei. Malz entsteht, wenn Gerste anfängt zu keimen und die Stärke des Korns in Zucker umgewandelt wird. Malz ist nur halb so süss wie Zucker, was dazu verführen kann, zuviel davon zu nehmen. Mit Malz gesüsste Sachen müssen deshalb gut eingespeichelt und gekaut werden. Dann entwickeln sie eine sehr delikate Süsse und sättigen gut.

Vollrohrzucker (Sucanat, Panela, Panelista, Mascobado)

Vollrohrzucker wird in traditionellen Zuckerrohrländern schon seit Jahrtausenden mit einfachen Hilfsmitteln hergestellt. Er darf nicht verwechselt werden mit dem viel billigeren «braunen Zucker» oder «Rohrohrzucker», welcher entweder weisser Zucker ist, dem nachträglich Melasse beigemischt oder bei dem einfach die letzte Raffinierungsstufe weggelassen wurde. Fabrikzucker macht eine Reihe von Raffinierungsschritten durch, von denen der wichtigste die Kristallisierung ist, bei der die Melasse mit ihren vielen wertvollen Nährstoffen von der Saccharose getrennt wird. Beim Vollrohrzucker hingegen wird das Zuckerrohr kalt gepresst und der Saft so eingedampft, dass beides, Zucker und Melasse, im Endprodukt bleiben. Deshalb ist Vollrohrzucker sehr mineralstoffreich: 100 g Sucanat enthalten mehr Eisen als 100 g Schweineleber, und ein Esslöffel davon in einem Dessert kann fast die Hälfte des täglichen Eisenbedarfs decken. Viele Vitamine bleiben ebenfalls erhalten, darunter wiederum Spuren von Vitamin C. Aber der Melassegeschmack schränkt die Verwendungsmöglichkeiten von Vollrohrzucker, namentlich bei fruchtigen Speisen, etwas ein.

Vollrohrzucker enthält manchmal Klumpen. Für feine Teige, die wenig Flüssigkeit enthalten, sollte er deshalb gesiebt werden.

Zuckerrübensirup

Dieser schwarze, zähflüssige Sirup ist in Deutschland schon lange bekannt. Er entsteht durch Eindicken von Zuckerrohrsaft und hat ein vorherrschendes Karamelaroma. Er eignet sich deshalb für Speisen, bei denen diese Geschmacksnuance erwünscht ist.

Tip:
Klebrige Süssmittel wie Honig und Birnel misst man am besten durch Zuwiegen ab: Die Schüs-

sel auf die Waage stellen, Gewicht ablesen, benötigte Menge Süssmittel einlaufen lassen.

Achtung!
Auch natürliche Süssmittel greifen die Zähne an. Zähneputzen gilt also auch nach dem Genuss von Vollwertgebäck.

Tahin und Sesambutter

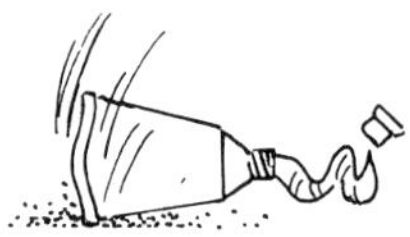

Eine Paste aus gemahlenem Sesam aus dem Mittleren Osten, erhältlich in Reformhäusern und Bioläden. Sie liefert Fett von bester Qualität, Eiweiss, Vitamine und Mineralstoffe, besonders Kalzium.

Tofu

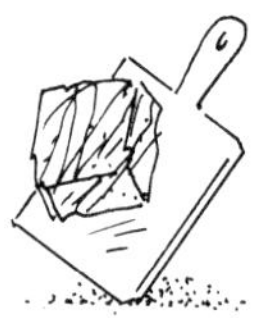

Tofu ist ein rein pflanzliches Eiweissprodukt aus der Sojabohne, das anstelle von Fleisch, Eiern oder Milchprodukten verwendet werden kann.

Treibsalz, Hirschhornsalz, Ammonium

Treibsalz ist ein weisses Pulver mit starkem Ammoniakgeschmack. Es wurde früher aus Horn- und Lederabfällen gewonnen, deshalb auch der Name «Hirschhornsalz». Heute wird Treibsalz aus schwefelsaurem Ammoniak und Kreide oder aus Salmiak und Kreide hergestellt. Bei 60 Grad zerfällt diese Verbindung vollständig und setzt die beiden Gase Ammoniak und Kohlensäure frei, die das Gebäck lockern und während des Backens einen scharfen Geruch abgeben. Nur bei kleinen und flachen Backwaren (Lebkuchen, Leckerli) kann Treibsalz rückstandsfrei ausgebacken werden.

Vanille

Kaufen Sie nur echte Vanille und nicht das synthetische Vanillin oder den Vanillinzucker. Vanille ist erhältlich in ganzen Schoten, als Vanillepulver, -zucker und -essenz. Die Schoten eignen sich vor allem für Saucen und Cremen. Sie geben am meisten Geschmack ab, wenn sie der Länge nach aufgeschlitzt und ausgekratzt in der Flüssigkeit mitgekocht werden. Sie können getrocknet und ein zweites Mal gebraucht werden. Für Teige ist Pulver, Zucker und Essenz einfacher in der Anwendung. ¼ TL Vanillepulver entspricht etwa 1 TL Vanillezucker oder -essenz.

Sie können die feine Vanilleessenz selber herstellen: Man gibt zwei aufgeschlitzte, in Stücke geschnittene Vanilleschoten in ein 200-ml-Fläschchen und füllt mit reinem Alkohol (Apotheken, Drogerien) auf. Dann wird die Flasche zwei Wochen an einen warmen Ort gestellt und oft durchgeschüttelt. Nach zwei Wochen ist die Vanilleessenz gebrauchsfertig und viele Monate haltbar. Anstelle von reinem Alkohol kann auch ein starker Schnaps verwendet werden.

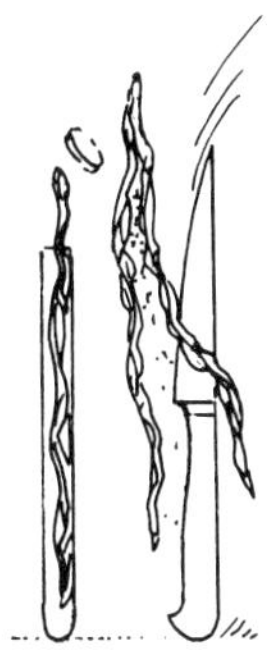

Zum Weiterlesen

Vollwert-Ernährung, Grundlagen einer vernünftigen Ernährungsweise
von Körber/Männle/Leitzmann, Haug Verlag, Heidelberg

Vollkorn bietet mehr B. Thomas, Diaita-Verlag GmbH, Bad Homburg

Vollkorn, Schrot und Mühlen Burggrabe/Gronau, Hädecke Verlag, Weil der Stadt

Die Getreideküche Krieger, AT Verlag, Aarau

Rezeptverzeichnis